CB130051

DEMOCRACIA, EDUCAÇÃO E DILEMAS MORAIS

COLEÇÃO
TERRITÓRIOS DA EDUCAÇÃO

Coordenadora da coleção: Jaqueline Moll

CONSELHO EDITORIAL

André Lazaro – Universidade Estadual do Rio de Janeiro
Antonio Sampaio Novoa – Universidade de Lisboa
Antonio Carlos Ronca – Pontifícia Universidade Católica de São Paulo
Arnaldo Nogaro – Universidade Regional Integrada
Bernard Charlot – Université Paris VIII, Paris, França/Universidade Federal de Sergipe
Cesar Nunes – Universidade Estadual de Campinas
Daniel Cara – Universidade de São Paulo
Debora Mazza – Universidade Estadual de Campinas
Elsio Corá – Universidade Federal da Fronteira Sul
Gaudêncio Frigotto – Universidade Federal Fluminense
Guillermo Rios – Universidad de Rosario
Jaume Martinez Bonafé – Universidad de Valencia
José Pacheco – EcoHabitare
Juares Thiesen – Universidade Federal de Santa Catarina
Liliane Giordani – Universidade Federal do Rio Grande do Sul
Lucia Helena Alvares – Universidade Federal de Minas Gerais
Lucineide Pinheiro – Universidade Federal do Pará
Maria Carmen Silveira Barbosa – Universidade Federal do Rio Grande do Sul
Marcia Rosa da Costa – Universidade Federal de Ciências da Saúde de Porto Alegre
Malvina Tuttman – Universidade Federal do Estado do Rio de Janeiro
Marcio Taschetto – Universidade Franciscana
Miquel Essomba – Universitat Autònoma de Barcelona
Penildon Silva Filho – Universidade Federal da Bahia
Rui Trindade – Universidade do Porto

DEMOCRACIA, EDUCAÇÃO E DILEMAS MORAIS

Dinorá Fraga
Geovane Dantas Lacerda
Rosalice Pinto
(Orgs.)

Editora Sulina

Copyright © Autores, 2023

Capa: Humberto Nunes
Projeto gráfico e editoração: Clo Sbardelotto/Fosforográfico
Revisão: Simone Ceré

Editor: Luis Antonio Paim Gomes

Dados Internacionais de Catalogação na Publicação (CIP) Bibliotecária Responsável: Denise Mari de Andrade Souza CRB 10/960

D383

Democracia, educação e dilemas morais / organizado por Dinorá Fraga, Geovane Dantas Lacerda e Rosalice Pinto. – Porto Alegre: Sulina, 2023.
144 p.; 14x21 cm.

ISBN: 978-65-5759-115-4

1. Educação - Formação de professores. 2. História do Brasil - Educação. 3. Educação. I. Fraga, Dinorá (org.). II. Lacerda, Geovane Dantas (org.). III. Pinto, Rosalice (org.)

CDU: 37
CDD: 370

Todos os direitos desta edição reservados à

EDITORA MERIDIONAL LTDA.
Rua Leopoldo Bier, 644 – 4º andar
Bairro Santana, CEP 90620-100
Porto Alegre, RS – Brasil
Tel.: (51) 3110-9801

sulina@editorasulina.com.br
www.editorasulina.com.br

Setembro / 2023

Impresso no Brasil / Printed in Brazil

SUMÁRIO

APRESENTAÇÃO

"Para onde devemos ir, a partir de agora?"

Este livro é uma coletânea. O desafio dos autores foi construí-lo segundo uma unidade temática mas dinâmica, ligada a seus estudos, suas pesquisas e por tomadas de posição no mundo da vida – seus valores. Essa direção deu o caminho a seguir, principalmente voltando-se para a educação pública. Os autores geraram união em torno dos significados construídos sobre democracia, educação e dilemas morais. Narrativas hipertextuais são, na educação, conceitualizadas como jogo; o desenvolvimento moral é ampliado pela ética. Esses temas são circundados pelo pensamento sobre democracia.

No mundo da vida, é proposta a pergunta de Martin Luther King Jr., em um de seus discursos, o de 16 de agosto de 1967 (trazido em 2019, por Noam Chomsky, no livro *Réquiem para o Sonho Americano*): *"Para aonde devemos ir, a partir de agora?"* O agora dos autores traz, pertinente, em suas vivências, o que os presentifica, mas é, também, o agora de Martin Luther King Jr., em um movimento a-cronológico. É também o agora atemporal, porque une, em diferentes tempos, seus percursos de vida. Estes carregam significados, que formaram e formam o olho com que contemplam e agem, neste **agora**, resultante de uma tomada de consciência histórica, social, cultural e política, vivencial, enfim...

Os autores têm a convicção de que, quando o pensamento crítico, sensível e autoral aparece e se desenvolve, surge a autonomia, formando a cidadã/o cidadão. É a esse ambiente, que objetiva dar um grito por um protagonismo do humano, que este livro se destina. É um livro dedicado à defesa da Democracia, dos Direitos Humanos e de todos os modos de existência daí decorrentes.

O livro está organizado em duas partes. A primeira se refere ao pensamento democrático. Foram convidados pesquisadores/professores com histórico de estudos e ações orientados pela democracia.

Nessa primeira parte, tres textos são apresentados: "Notas para compreensão da democracia", de Rosa Maria Fillipozzi Martini; "Sobre a democracia", de Suzana Guerra Albornoz; e "O razoável, o racional e o consenso: John Rawls e o debate democrático nas escolas", de Geovane Dantas Lacerda..

A segunda parte trata de Educação e de Dilemas Morais. Esta se inicia com o capítulo de Dinorá Fraga, "Para uma pedagogia do debate democrático", e de Rafael Hofmeister de Aguiar, "Histórias que se multiplicam". Seguem-se a estes: "Os dilemas morais, a criatividade e o jogo", de Noeli Reck Maggi; "Gamificação e a formação cidadã no século XXI", de Rosalice Pinto; "A questão do desenvolvimento moral no mundo contemporâneo", de Rosa Maria Filippozzi Martini. Por fim, Fernando Menezes de Azevedo e Tanauã Dias Martins, dois jovens tecnólogos em jogos digitais, são convidados para trazer suas narrativas, lugar das práticas sensíveis e problematizadoras.

Finalizando esta apresentação, dois autores voltam-se à pergunta de Martin Luther King: "Para onde devemos ir, a partir de agora?" Noeli Reck Maggi responde que:

> considerando a perspectiva histórica e cultural, a noção do presente e das condições que a configuram, realça-se a necessidade de revisão constante, onde estão situadas as condições das pessoas, junto à cultura da qual fazem parte e das relações que estabelecem com esta cultura. Pensar o futuro necessita, também, considerar a História onde a pessoa está em sua transgeracionalidade, em suas contradições e implicações...

E Geovane Dantas Lacerda reflete que:

> necessitamos rumar para uma democracia que cumpra aquilo que prometeu e promete, que se empenhe verdadeiramente no cultivo de uma fraternidade múltipla para além da corrente do discurso formal, abstrato e individualista.

A alegria dos autores é redobrada, quando temos a forte presença de Joaquim Dolz contemplando-nos com o prefácio do livro.

Sejam, pois, bem-vindos, à leitura e a sua necessária vinculação à vida!

Dinora Fraga, Geovane Dantas Lacerda e Rosalice Pinto
Organizadores

PREFÁCIO

As dimensões dialogais da reflexão ética: fundamento do desenvolvimento da autonomia moral na escola

Não é possível ao sujeito ético viver sem estar permanentemente exposto à transgressão da ética.
Paulo Freire (2018, p. 19)

Como agir ante a violência, a criminalidade, a corrupção, o estrupo, a mentira e os males que caracterizam as sociedades nas quais vivemos? Como resistir, como cidadãos, a essa barbárie? Como nos engajarmos, com responsabilidade, nos grandes dilemas éticos do mundo de hoje? Mergulhados em plena pandemia e confrontados, como estamos, com múltiplas tensões relativas ao desenvolvimento sustentável, mudanças climáticas, dificuldades de acesso igualitário à saúde e à educação, a reflexão ética é, talvez mais que nunca, uma necessidade. A reflexão ética não é um simples exame de consciência para atribuir ou atribuir-nos, diretamente, a culpa pelas fatalidades que nos ultrapassam, ou que não podemos evitar (como o vírus que produz uma epidemia, por exemplo). Trata-se de uma questão de consciência moral, que desenvolve o sentido da responsabilidade institucional, coletiva e pessoal, sobre atos que produzem ou mitificam o horror.

Hannah Arendt (1963) lançou o conceito filosófico da *banalidade do mal*. O mal é uma contraforça que destrói os laços sociais e conduz a uma perda da identidade e do ser. Reconhecemos aos humanos a capacidade de distinguir o bem do mal e, também, a capacidade de estabelecer normas e leis contra a injustiça. Mas não é suficiente invocar o império da lei para combater o mal. O mal também pode residir nas pequenas coisas. A linguagem pode desenvolver a consciência e o juízo moral, em qualquer das situações que impliquem dilemas éticos.

Na perspectiva interacionista, a questão fundamental é justamente a de saber qual é o papel que tem o discurso. Em que sentido o diálogo e as dimensões dialogais da linguagem contribuem na reflexão ética? Que interações educativas, na aula, jogam um papel de antídoto perante a violência? Que gêneros narrativos, prescritivos ou argumentativos abordar? Que modalidades de diálogo precisamos mobilizar na escola (diálogos sobre as narrativas construídas pelos alunos, ateliês filosóficos, debates, círculos de leitura, diálogo maiêutico coordenado pelo professor, jogos digitais etc.)?

Para responder a essas questões, a própria estrutura das interações entre participantes do diálogo tem de ser tomada em consideração. Os participantes podem se encontrar num plano de igualdade, mais ou menos real, ou ficcionalizado. Na aula, a autoridade é representada pelo professor, mas, por razões diversas, os alunos tomam posturas de liderança ou de subordinação, se mostram ativos no tratamento das questões socialmente vivas propostas, ou resistem a implicar-se nelas. A dissimetria associada, principalmente, ao poder e às diferentes posturas, na conversa, pode ser aceita com respeito, mas também pode representar uma deriva que degrada as interações e impossibilita a afirmação das convicções. Em resumo, a estrutura e os papéis enunciativos têm uma importância para permitir a confrontação de ideias e a colaboração para encontrar uma solução às questões abordadas. Os jogos de ficção permitem assumir, à distância, papéis enunciativos, num exercício interessante de descentração.

A reflexão ética toma o discurso como suporte, e é mediatizada por ele. As modalidades diversas do diálogo e os diferentes gêneros de escrita reflexiva, autobiográfica ou de retorno reflexivo sobre qualquer tipo de práxis, contribuem para desenvolver o *self*, a estima de si, em confrontação com os outros. Eles ajudam a precisar as posições, a justificar as escolhas e as iniciativas éticas, contextualizando os itinerários pessoais e situando as eventuais mudanças nas convicções.

A análise crítica, seja qual for o gênero de discurso, tem o mérito de ajudar a compreender e interpretar os conteúdos de um ponto de vista ético. As narrações da literatura escolar abordam, diretamente, dilemas éticos encarnados na lógica das personagens. As novas séries da televisão mostram uma preocupação com temas sociais vivos, com implicações éticas, como a discriminação de gênero ou de raça, a orientação sexual, a diversidade cultural, a ecologia ou a criminalidade, tema sempre presente na literatura e no cinema policial, com um fundo de crítica social.

Num mundo de múltiplas mediações e discursos multimodais, a presença constante e frequentemente banalizada das *figuras do mal* também exige do receptor uma atividade crítica de interpretação e de desconstrução. Enfim, a leitura de gêneros narrativos permite, indiretamente, aprender a lidar com as situações efetivas da vida, em que as dúvidas de ordem moral impedem atingir a satisfação por algo desejado.

A ética é, geralmente, definida como o conjunto de concepções e juízos de valor, em termos morais, orientados a estabelecer o melhor modo de viver sob o signo de ações boas. No sentido estrito, a noção de ética evoca a elaboração de critérios morais nas decisões práticas da vida pessoal e pública. Ela se distingue da noção de *moral,* que se refere às prescrições, às normas e às proibições e tem um caráter coercitivo. A moral constituída tem um caráter histórico e orienta os comportamentos por meio de regras e interdições. A moral herdada contrapõe-se à necessidade de uma adesão mais íntima, livre e consciente aos valores representados pela norma.

A pergunta que se coloca, então, pode ser: o que devemos fazer nas situações conflitivas da vida? Essa questão, sempre presente na tomada de responsabilidades, tem uma dimensão fundamentalmente ética. Há situações conflitivas em que regra alguma é capaz de orientar claramente a ação. Além dos imperativos morais baseados em critérios transcendentais, válidos em todas as circunstâncias, o filósofo Paul Ricoeur (2015) insiste no caráter optativo, e não imperativo dos juízos morais em situação. As leis e as regras que fundamentam a liberdade, a seguridade, a solidariedade e a democracia não são imutáveis e de ordem universal. O recurso a uma norma moral estrita, no caso de conflito, nem sempre é suficiente. Se é exigida uma compreensão das situações que vão muito mais longe que a simples aplicação da lei, isso implica uma ética profunda. É particularmente importante a racionalização das convicções que guiam as escolhas, no tratamento dos grandes dilemas éticos e das incertezas, e, sobretudo, exige-se a compreensão das relações de poder, que conduzem as desigualdades.

A ética inscrita na vida, que reconhecemos no relato das experiências vividas e nos diálogos argumentativos e contratuais para resolver os pequenos e grandes conflitos, precede e interroga, constantemente, as prescrições morais formais, ainda que tenham uma orientação "potencialmente" universal. A ética que emerge das interações, a ética da discussão, como foi descrita por Jürgen Habermas (1992), é hoje uma exigência no desenvolvimento da democracia. Os critérios de universalidade se apresentam como o resultado de uma discussão pública realizada intersubjetivamente. A intersubjetividade no diálogo não se opõe à objetividade, mas é considerada um pré-requisito para desenvolvê-la. A ação orientada na compreensão do outro e a intercompreensão nas interações se aproximam do ideal regulador do *debate regulado*, que nós consideramos importante na escola (Dolz; Schneuwly, 1998).

Desde muitos anos, considero a argumentação, inclusive a argumentação dos gêneros monologais, como a dissertação escolar, o editorial jornalístico ou o artigo de opinião, um diálogo com o pensamento do outro. A orientação argumentativa não se limita aos gêneros argumentativos orais e escritos, monologais ou dialogados. Os gêneros narrativos têm, geralmente, uma orientação argumentativa. Uma fábula busca transmitir, explícita ou implicitamente, uma máxima moral. Os gêneros prescritivos, como o texto das leis, contêm princípios e justificações argumentativas que exigem as razões da escolha e dos preceitos coercitivos impostos pela norma jurídica. O diálogo com o pensamento do outro, para convencer acerca da legitimidade das propostas, é bem presente no dialogismo intrínseco aos diferentes gêneros mencionados. As dimensões dialogais e dialógicas são, ao meu entender, as dimensões que precisam ser postas em evidência no trabalho escolar ante as controvérsias para tratar os dilemas éticos. O trajeto em busca de uma metodologia democrática na formação da cidadania exige precisamente isso, como sugerem Geovane Lacerda e Dinorá Fraga, nos dois primeiros capítulos deste livro consagrado, principalmente, ao debate.

Lawrence Kohlberg (1981), falando do desenvolvimento da autonomia moral, distingue o largo caminho já conquistado com respeito às normas convencionais e à lei (centradas na obediência) até a fundamentação das ações em princípios éticos assumidos pela pessoa (que exigem uma reconstrução permanente). Assumir os valores e princípios éticos das nossas próprias ações é um largo caminho, certamente, que exige um compromisso da escola e novos planejamentos da formação da cidadania dentro e fora da escola.

O interacionismo sociodiscursivo insiste que a orientação ética para "uma vida boa" é uma questão que implica, sistematicamente, a alteridade. A ética se desenvolve com e para os outros nas interações e nas ações conjuntas, que têm, geralmente, finalidades comuns. Não é só resultado das tradições transmitidas por impregnação da comunidade, mas das experiências práticas vividas com os outros e das vantagens da solicitude e da reciprocidade na vida social.

Os jogos, na aprendizagem, são um modelo da atividade humana. Eles permitem a confrontação com situações práticas de juízo moral e exigem uma deliberação racional e uma negociação de contratos sociais imaginários. A perspectiva do jogo, sem sair do circuito do desejo, do prazer e da felicidade, pode insistir sobre uma orientação humana geral, atuando, de forma universal, sobre o que o aluno está jogando. A utilização de jogos sérios e de gamificações, por parte de Rosalice Pinto, é uma maneira de operacionalizar a paixão e o engajamento dos usuários dos novos jogos com finalidades diversas, do simples divertimento até uma verdadeira transformação com fins profissionais e formativos, com consequências nos modos de conexão social e na autodeterminação. As originais situações de jogo apresentadas por Fernando Menezes de Azevedo e Tanauã Martins são verdadeiros jogos de aprendizagem, com dilemas éticos explícitos sobre situações singulares, para desenvolver critérios e razoamentos argumentativamente válidos. As narrativas dos alunos acerca dos jogos digitais têm um interesse maior. A tomada de consciência deriva das narrativas que contribuem certamente para criar valores. E a educação cívica implica justamente isso: preparar as novas gerações a agir com responsabilidade, assumir a autoria dos seus atos e justificar, com critérios e valores próprios, as decisões.

Estou convencido, porém, de que o livro coordenado por Dinorá Fraga, que tenho o prazer de apresentar, é um conjunto de contribuições importantes para a educação da cidadania. Elas mostram o papel do discurso para resolver e tratar os dilemas éticos. Permitem, também, o exercício da curiosidade epistemológica e a reflexão ética através da leitura crítica, com base na prática de gêneros narrativos e argumentativos, de situações controvertidas e de jogos. Destaco a proposta de metodologia para desafiar os professores a fazer os alunos pensarem de forma crítica. Trata-se de um trabalho pedagógico e didático importante para o professorado, porque permite desenvolver o espírito crítico e a autonomia moral e de pensamento. O leitor é convidado a prestar atenção em novas formas de construção de valores na escola, que questionam a responsabilidade no mundo em que vivemos.

Genebra, 17 de novembro de 2020

Joaquim Dolz
Universidade de Genebra

Referências

ARENDT, Hannah. *Eichmann in Jerusalem. A Reporton the Banality of Evil.* New York: The Vinking Press, 1963.

DOLZ, Joaquim; SCHNEUWLY, Bernard. *Pour un enseignement de l'oral.* Paris: ESF, 1998.

FREIRE, Paulo. *Pedagogia da autonomia.* São Paulo: Paz & Terra, 2018.

HABERMAS, Jürgen. *De l'éthique de la discussion.* Paris: Flammarion, 1992.

KOHLBERG, Lawrence. *Essays on Moral Develompement, Vol. I*: The Philosophy of Moral, 1981.

RICŒUR, Paul. *Soi-même comme un autre*. Paris: Seuil, 2015.

Primeira Parte

SOBRE O PENSAMENTO DEMOCRÁTICO

O RAZOÁVEL, O RACIONAL E O CONSENSO: JOHN RAWLS E O DEBATE DEMOCRÁTICO NAS ESCOLAS

Geovane Dantas Lacerda

Furtando conceitos em nome da democracia

Creio ser hoje de entendimento geral que, desde os antigos tempos do RPG de mesa[1], a fantasia medieval tem por costume se utilizar de classes mais ou menos estabelecidas para guiar as trajetórias, posturas e habilidades presumidas de seus personagens. De início, argumento que textos podem ser propostos como possuidores dessas classes.

Existem textos guerreiros, que se identificam na luta. Existem textos magos, que nos apresentam o maravilhoso. Existem textos clérigos, que nos curam (ao menos em nossa saúde mental) enquanto os lemos. O texto que apresento aqui é um texto ladino. No caso, ladrão de conceitos, tesouros escondidos no que Foucault chama de caixas de ferramentas de cada obra. Mais: ele é também um artesão de gambiarras[2], montadas diante da necessidade de um mecanismo prático para a solução de um problema.

Este texto, que se oculta nos becos de tempos sombrios, invadirá a obra de John Rawls (em especial *O liberalismo político*, publicado originalmente em 1993) para roubar alguns conceitos necessários para uma sociedade justa. Em seguida, furtará a sequência didática de Joaquim Dolz direcionada para o debate. Com tais posses, pretende construir um guia para o debate democrático em que conceitos de Rawls atuam de forma semelhante (em seu uso

[1] RPG (*Role-playing Game*) é um jogo de interpretação de papéis que na maioria de seus sistemas utiliza classes, uma espécie de arquétipo de personagem que o define e diferencia dos demais. "De mesa" se refere ao jogo em papel, já que o termo atualmente também é utilizado de forma ampla para definir a estrutura de vários jogos digitais.

[2] O termo *gambiarra* é utilizado aqui no sentido de improvisação.

emergencial e constante) à moral provisória cartesiana. Cooperando para o bom andamento desta aventura, estão alguns ensinamentos de Paulo Freire.

O guia para o debate democrático exposto aqui se propõe como um apetrecho, incompleto porém funcional, destinado a nos ajudar neste grande desafio que a escola brasileira possui hoje na defesa da democracia.

Moral Provisória

Discordo de Schopenhauer.
Escrevo pra alfaiates, sapateiros e domésticas.
Parteum, A Moral Provisória

Há um debate longo (e em andamento) sobre a teoria de Rawls, inclusive cruzando ocasionalmente com o tema da educação. Mas esse debate é prioritariamente teórico e, em que pese sua importância, este texto não se coloca especificamente nessa abordagem. O objetivo principal aqui é que o aluno entenda que, quando debatemos democraticamente (e, em especial, em torno da efetivação da democracia), temos mais coisas em jogo do que a própria opinião. Para facilitar a dinâmica do professor durante os debates em sala de aula, os conceitos de Rawls seriam úteis inseridos em um raciocínio semelhante à moral provisória cartesiana[3]. Nesse caso, propor que o professor se aproprie de todo o conceito que possa ser útil para os momentos em que o professor "trava" pela dificuldade em julgar a viabilidade ou não do argumento de um aluno. A crítica constante sobre alunos que não possuem acesso e familiaridade com o debate democrático também se aplica a gerações anteriores, sabemos que enfrentaremos situações difíceis no momento em que nos dispusermos a aplicar os princípios da democracia entre os alunos, com ou sem a ajuda de Rawls. O citado "travamento" do professor ocorre porque temos em geral uma percepção intuitiva de quando o ético foi arranhado, mas não temos a

---

[3] Quando escreve *O discurso do método*, Descartes dedica sua terceira parte para explicar o que chama de moral provisória: princípios pelos quais podemos nos guiar de forma eficiente ainda que na falta de uma oportunidade ou tempo de análise: "a fim de não permanecer irresoluto em minhas ações, enquanto a razão me obrigasse a sê-lo em meus juízos, e de não deixar de viver desde então do modo mais feliz que pudesse" (Descartes, p. 59).

prática de tornar nosso argumento em fundamento para uma efetivação de razão pública em sala de aula. É muito fácil cair em uma suposição de "certo" ou "errado" imanente justamente quando as questões ficam realmente sérias, ou seja, quando a democracia mostra a que veio. Ainda que imprescindível, ninguém disse que a aplicação da democracia é uma tarefa fácil, a História tende justamente a comprovar o contrário[4].

John Rawls

> *Coincidentemente conheci um empresário que, segundo me disse rindo no fim da conversa, me tinha como uma espécie de malfeitor do Brasil. Reminiscência do que de mim diziam alguns jornais nos anos 1960.*
>
> *'Foi um prazer conhecê-lo de perto. Não diria que me converti às suas ideias mas mudei radicalmente a minha apreciação em torno do senhor', disse convincente.*
>
> *Voltei para casa contente. De vez em quando o Brasil melhora, apesar das 'recaídas' que o abalam...*
>
> Paulo Freire, *Professora Sim, Tia não!*

A teoria de Rawls defende o justo sobre o certo, que os princípios de justiça regulam propostas do que seria o certo que não encontra um status de dogma. Mas, então, de onde vêm nossas certezas e convicções políticas? Rawls utiliza o termo *doutrina abrangente* para definir esses sistemas de pensamento (políticos, morais ou religiosos) que estabelecem o que consideramos "certo" ou "errado". Eles são racionais quando podem ser explicados de forma coerente e são razoáveis quando compreendem a existência de outras doutrinas abrangentes (também razoáveis) em uma sociedade democrática.

Ainda que John Rawls não esteja entre os mais citados no tema da educação, as perguntas que construíram a obra *O liberalismo político* parecem ter profunda relação com o ensino de um debate democrático. Essas perguntas parecem dar sentido a um tópico sobre o qual, muitas vezes, temos dificuldade até mesmo de saber por onde começar:

---

[4] Remeto aqui aos capítulos de Susana Guerra Albornoz e Rosa Maria Filippozzi Martini, presentes neste livro.

> Como é possível existir, ao longo do tempo, uma sociedade estável e justa de cidadãos livres e iguais que se encontram profundamente divididos por doutrinas religiosas, filosóficas e morais razoáveis, embora incompatíveis entre si? (Rawls, 2011, p. 19).

E segue com uma variação desta primeira pergunta: "Em outras palavras: como é possível que doutrinas abrangentes profundamente divergentes, ainda que razoáveis, possam conviver e que todas endossem a concepção política de um regime constitucional?" Por fim: "Quais são a estrutura e o conteúdo de uma concepção política que é capaz de conquistar o apoio de tal consenso sobreposto?" (Rawls, 2011, p. 19).

Esmiuçando tais questionamentos, surgem pontos de apoio para se pensar alguns requisitos do debate democrático que muitas vezes esquecemos de incluir. Por exemplo: todo o aluno possui em si referências de uma concepção política, na medida em que pensa politicamente. Possui também traços de doutrinas religiosas, filosóficas e morais. Esquecermos de reforçar essa percepção no aluno sobre si mesmo é construir princípios que o colocam em um eterno conflito de bem contra o mal, superficializando as percepções das próprias concepções e doutrinas com as quais o aluno se identifica. O aluno precisa entender que faz parte de uma diversidade em uma democracia, para aí perceber que a democracia garante o direito de exercer suas concepções e doutrinas na medida em que estas permitem a convivência e existência de doutrinas divergentes igualmente responsáveis na busca pelo consenso. Mais, essa busca pelo consenso deve ser sempre norteada pelos princípios de liberdade e equidade.

O dispositivo de arbitragem no debate democrático

Rawls utiliza vários conceitos e até mesmo cria alguns. No caso da atuação em sala de aula do professor organizando um debate democrático, os mais importantes seriam[5]:

---

[5] Em sua obra, Rawls não possui algo como um guia de características necessárias ao cidadão, mas distribui algumas pistas para identificarmos os requisitos básicos e necessários ao entendimento e atuação em uma sociedade bem ordenada. Este, cabe lembrar, é um exemplo de dispositivo provisório e que não permite (pelo espaço ou mesmo por seu próprio princípio) um detalhamento mais aprofundado. Sigo aqui

Concepção política: o espaço em que as doutrinas abrangentes se concordam. A concepção política não seria pessoal, mas sim esse espaço inicial de entendimento entre as partes, as "regras do jogo" importantíssimas para que uma proposta de debate democrático não se torne uma exposição de opiniões vagas, ineficientemente criticadas ou mesmo antidemocráticas. Incluem consensos históricos (o repúdio à escravidão e ao nazifascismo, por exemplo) que automaticamente são e devem ser estabelecidos como regra em um debate democrático, mas esses consensos (ao mesmo tempo que qualitativamente prioritários) precisam ser quantitativamente mínimos para garantir a liberdade de expressão.

Doutrinas abrangentes: as convicções dos alunos que não são conflitantes com a concepção política democrática, ou seja, buscando um entendimento e (mais idealmente) um consenso com outras doutrinas pessoais que buscam também esse entendimento e consenso. Uma das funções do professor é a de estabelecer que as doutrinas dos alunos, independente de seu conteúdo, sejam sempre direcionadas para essa abrangência. Desnecessário dizer, enquanto cidadão em uma democracia o professor possui, e sempre possuirá, uma convicção pessoal.

Doutrinas não abrangentes: as convicções pessoais que, por algum motivo, não compactuam com a concepção política democrática. Ao não aceitar o espaço da mútua convivência com outras concepções dispostas à democracia, tal convicção está em conflito com a proposta do debate democrático antes mesmo de expor seu conteúdo. Considerando o espaço da escola e a proposta de um debate democrático, tais concepções devem ser contestadas e corrigidas pelo professor e demais participantes naquilo que impedem os princípios de justiça compartilhada, e não consideradas como opinião viável.

Livre: para fins de identificação com o aluno, comparando-o com a ideia rawlsiana de cidadão em sua liberdade, temos três questões prioritárias: liberdade de uma identidade moral (que não é o mesmo que identidade pública ou institucional), liberdade de reivindicação e capacidade de assumir

---

diversos conceitos expressos no livro *O liberalismo Político* (Rawls, 2011). Conceitos de "sociedade bem-ordenada", "doutrinas abrangentes e não abrangentes", "cidadão livre", que são apresentados na primeira conferência, intitulada "Elementos fundamentais" (§1, §2, § 5 e § 6).

a responsabilidade de suas reivindicações (entendendo que o peso dessas reivindicações vem de uma cidadania compartilhada, e não de seus desejos individuais). É desses princípios de liberdade que idealmente partem os fundamentos de argumentação razoável[6] do aluno no espaço público e, no caso mais específico, no debate democrático.

Sociedade bem-ordenada: a sociedade que confia no fato de que seus ideais de justiça são compartilhados e implementados: em contrapartida, seus membros possuem a convicção de agir em conformidade com as regras estabelecidas a partir desses mesmos ideais. Considerando a permanência da divergência entre doutrinas, esses ideais de justiça são aqueles no sentido de buscar a liberdade e equidade. O objetivo, a longo prazo, do ambiente em sala de aula a partir de práticas como o debate democrático.

O dispositivo de arbitragem em um debate democrático seria então aquele que garante que alunos, entendendo a liberdade em seu contexto democrático, argumentem a partir de doutrinas abrangentes e em coerência com a concepção política democrática, visando que suas propostas auxiliem na manutenção de uma sociedade bem-ordenada. De uma forma desconfortavelmente técnica (mas eficiente), pode-se dizer que cabe ao professor:

- Conferir se o aluno está refletindo a partir de uma concepção compartilhada de sociedade, que inclui a concepção política já estabelecida em uma sociedade que se propõe bem-ordenada. Intervir se necessário.
- Conferir se o aluno está expondo ao não argumento a partir de uma doutrina abrangente. Intervir se necessário.
- Conferir se a sala de aula está se posicionando de forma a aproximar-se de uma sociedade bem-ordenada. Comemorar (junto aos alunos) caso isso ocorra.

Intervir é um termo que pode causar certo desgosto a professores, desconfortavelmente próximo de algo que soa autoritário. Dito isso, segue uma

---

6 Enfatizo a questão do razoável porque se supõe que os argumentos sejam racionais, sendo esse "racional" causa necessária mas não suficiente. O sono da razão produz monstros, mas ocasionalmente eles também podem ser criados pela própria razão e por isso a importância de o aluno refletir se um raciocínio é também razoável para a garantia de uma sociedade bem-ordenada entre seus participantes.

explicação da necessidade de intervenção e por que, justamente ao intervir em nome do funcionamento da democracia, temos a construção de um espaço propício para não precisar interferir nos conteúdos dos argumentos dos alunos.

Tirando o pó da Constituição Cidadã

De tudo o que foi dito até então em torno da obra de Rawls, e caso arrisquemos a exercer algo de entendimento rawlsiano da sociedade democrática, é de se esperar que surja uma crítica intuitiva a diversas demandas contemporâneas expressas publicamente em manifestações. Demandas que explicam o sentimento de ameaça que convencionamos chamar de "tempos sombrios"[7]. Tempos sombrios, defendo, são o momento em que a moralidade de autoridade grita por sobre a moralidade de associação e de princípios, convocando aqueles que não se sujeitam a tal autoritarismo ou a defender os princípios que nossa sociedade almeja democraticamente seguir ou a propor outras vias. Cabe ressaltar que o raciocínio que alimenta os tempos sombrios defende de forma veemente a sua própria via, que chamamos de fascismo. O texto que aqui se apresenta não propõe outra forma de sociedade (o que seria viável desde que tal proposta fosse embasada na justiça) mas a defesa do que já temos e às vezes esquecemos.

Nesse aspecto, é importante tirar o pó daquele livrinho de mais de trinta anos, por vezes esquecido na estante, chamado Constituição da República Federativa do Brasil de 1988, ou Constituição Cidadã. Que nos pareça arcaico, ou mesmo autoritário, jogar um livro de regras em cima da mesa ao falar em direito à expressão (e democracia, e debate) só comprova o fato de que temos um problema de entendimento com a autoridade e com os regimentos de um debate. Seguindo os rastros de Rosely Sayão e Julio Groppa Aquino, nossa escola precisa rever a satisfação com que recebe as opiniões dos alunos como "missão cumprida" (Sayão & Aquino, 2004). Nossa missão é, justamente, que o aluno entenda os caminhos tortuosos pelos quais os direitos à expressão e assembleia lutaram para chegar até aqui, para aí sim praticar o que chamamos de democracia.

---

7 Em rápida genealogia da expressão no século XXI: ela foi utilizada por Brecht (no poema "Aos que virão depois de nós") e, segundo a própria autora em prefácio, é a inspiração para o título de um dos livros de Hannah Arendt (*Homens em Tempos Sombrios*).

Algo mais insidioso surge de nosso descaso com a relação entre autoridade e autoritarismo, confiando a democracia ao caminho do acaso (uma espécie de versão extrema da mão invisível liberal, porém aplicada à democracia): a ideia de que os alunos deveriam, por alguma justificação mágica, construir suas ações naturalmente com princípios de justiça. A democracia não é algo que faça parte da natureza do ser humano, ela se construiu (e se constrói) em torno de inúmeras dificuldades e seus direitos são conquistados em meio a diversos conflitos[8]. Enfim: quando esperamos de nossos alunos atos supererrogatórios (muito além do esperado, dignos de louvor) vindos de alguma "natureza do bem" e, ao mesmo tempo, jogamos fora a autoridade por receio ao autoritarismo, é o próprio autoritarismo que sorri nas sombras, porque se propõe como solução representante da ordem em uma percepção de mundo binária (dividida dogmaticamente entre o bem e o mal), colocando-se como herói contra os efeitos desse espontaneísmo.

A escola, instituição hoje regida pela Constituição de 1988, tem o dever de construir processos através dos quais o aluno apreenda os fundamentos que regem a democracia, o que ela cobra de nós. Entender que a democracia nos cobra é imprescindível para que evitemos o espontaneísmo. Cabe aqui lembrar que Paulo Freire, bem próximo do momento em que relembra que "a educação é um ato político", diz também:

> [...] o espontaneísmo nega a formação do democrata, do homem e da mulher libertando-se na e pela luta em favor do ideal democrático assim como nega a 'formação' do obediente, do adaptado, com que sonha o autoritário. O espontaneísta é anfíbio – vive na água e na terra – não tem inteireza, não se define consistentemente pela liberdade nem pela autoridade (Freire, 2015, p. 70).

Joaquim Dolz – o caminho compatível na prática

Proponho então a inclusão de Joaquim Dolz nesta discussão. No livro *Gêneros orais e escritos na escola* (Schnewly; Dolz, 2004), Dolz, juntamente com Bernard Schnewly, defende o uso da sequência didática como meto-

---

[8] Remeto mais uma vez aos capítulos de Susana Guerra Albornoz e Rosa Maria Filippozzi Martini.

dologia para letramentos. A sequência didática seria definida em módulos, no caso de um letramento para o debate regrado; esses módulos seriam os locais nos quais conteúdos mais específicos de um debate, visando a aspectos do convívio democrático, podem ser inseridos como elementos de ensino e aprendizagem.

Rawls apresenta, em sua teoria, os aportes para a fundamentação de uma sociedade bem-ordenada em que vigora a razão pública. Dolz, ao tratar do debate regrado ("Relato da elaboração de uma sequência didática: o debate público"), traça o modelo de uma sequência didática visando ao letramento da discussão argumentada (Schnewly; Dolz, 2004, p. 213). Rawls é um filósofo político que não se propõe a detalhar os aspectos educacionais de sua teoria. Dolz é um educador que não pretende, em seu trabalho, detalhar os fundamentos filosófico-políticos do debate público.

A união dos trabalhos desses autores torna-se, pois, positiva, já que a sequência didática do debate regrado garante ao trabalho de Rawls uma metodologia para o ensino da razão pública e dos fundamentos da sociedade bem-ordenada, ao passo que a teoria de Rawls fundamenta os princípios através dos quais um debate regrado pode ser orientado. Retomando: Rawls estabelece que, na razão pública, o debate democrático não pode ser cerceado em seu conteúdo, mas deve possuir normas para que mantenha a boa relação entre ideias compatíveis com uma sociedade bem-ordenada, ou seja, adequadas ao conceito de doutrina abrangente.

Na prática, tudo o que foi dito até aqui significa que exercícios pertinentes ao professor, potencialmente aplicáveis como módulos a uma sequência didática (Schnewly; Dolz, 2004) que trate do debate democrático, incluem conhecimentos da Constituição e o entendimento de que a exposição de justificativas na democracia demanda algumas regras. Cabe aqui ressaltar, mais uma vez, que estas normas para o debate não abrangem seu conteúdo (o que poderia facilmente se tornar censura), mas a postura dos debatedores na condição de representantes de ideias racionais e razoáveis. Essas normas mínimas são o que concede ao conceito de "pluralismo" em Rawls o adjetivo de "razoável". É possível incluir na sequência didática, por exemplo, exercícios de descoberta por parte do aluno das próprias convicções políticas, morais e religiosas. De que estas convicções não são universais, no momento em que têm acesso também às convicções de seus colegas. Também é possível propor exercícios de como identificar a razoabilidade e racionalidade dos argumentos. É importante que a exposição dos conceitos da "máquina de arbitragem" proposta aqui (ou qualquer outra versão) seja de conhecimento do aluno para que este possa se deslocar bem nos debates, respeitando os princípios democráticos sem que se sinta intimidado por expor o conteúdo de um argumento viável (ou seja, no conceito exposto anteriormente, para que o aluno se sinta e se entenda livre).

Enfim, entendimento necessário ao aluno em um debate democrático é a percepção de que, apesar de sua visão de mundo ser um direito inalienável, ela não é universal e está sujeita a alguns critérios (ser razoável e racional). Não há viabilidade de um debate democrático se o aluno não percebe que seus argumentos não podem superar princípios básicos de justiça. Além disso, o aluno deve entender que o conjunto de crenças que possui não precisa necessariamente ser compartilhado pelos outros. É, aliás, esperado que a democracia comporte divergências, sob o risco de um regime estar falsamente sendo considerado como tal[9]. Além disso, espera-se que essas crenças possam ser explicadas de forma racional e façam parte de uma "convergência de respeitos" com outras crenças, mesmo que estas sejam incompatíveis. Separando a própria crença dos princípios gerais, o aluno está no caminho de estabelecer o que Rawls chama de amizade cívica.

Epílogo: para começarmos a levar a sério a democracia

Em algum lugar dos anos 10 do século XXI. Tarde quente e abafada, sujeita a temperamentos irritadiços. A aluna, em um gesto de inconformidade com uma notícia que leu nesse mesmo dia, pede a palavra e admite de antemão que não tem relação com o conteúdo exposto na aula.

Ela relata ter descoberto que está se debatendo sobre o sacrifício de animais em manifestações religiosas, em especial entre as religiões de matriz africana. Diz estar chocada que esse tipo de sacrifício ainda seja feito, sendo

---

[9] "[...] a diversidade de doutrinas religiosas, filosóficas e morais abrangentes não é mera contingência histórica fadada a logo desaparecer, e sim um traço permanente da cultura pública da democracia" (Rawls, 2011, p. 43).

ela inclusive vegetariana. Eis que se ergue outra aluna, defendendo as religiões que possuem tais práticas e argumenta que há algo de racismo e intolerância religiosa nessas demandas[10]. Uma terceira aluna se ergue afirmando que não é válido discutir sobre "macumba" em aula porque "não é de Deus e sendo contra Deus eu não concordo". Uma quarta voz, dessa vez um aluno, afirma que não consegue ver a diferença entre uma manifestação religiosa e a seção de carnes no mercado. O que talvez fosse um apoio à segunda voz (denunciando uma suposta hipocrisia no argumento contra o sacrifício religioso de animais) é interpretado como uma ofensa, que é precariamente resolvida enquanto ocorrem três ou quatro diálogos ao mesmo tempo.

É nesse tipo de momento, prático e em que se perde completamente o controle da turma, que o professor tende a perceber algo mal ajustado na concepção difundida do debate em sala de aula.

Quando falamos em democracia na sala de aula, a missão do professor não é exaltar a democracia em sua abstração. É explicar como ela funciona e fazê-la funcionar justamente nas situações que parecem impossíveis de resolver sem ela, dada a complexidade do contexto. Vigostki, certa vez, disse que considerava nocivo às crianças os contos de fadas com moralidade óbvia (Vigotski, 2004, p. 324-325). Concordo veementemente, e fico especialmente feliz cada vez que vejo uma produção, mesmo destinada a público infantil e adolescente, que, sem infringir os fundamentos da classificação indicativa, constrói uma narrativa em que há mais em jogo que fazer o óbvio bem e evitar o estereotipado mal.

Que os professores possuem dificuldade em ensinar democracia (e por consequência cidadania) aos alunos é um fato, tendo múltiplas explicações (inclusive contextuais). Mas é esse suposto "bem óbvio" e "mal estereotipado", essa crença convicta de que nossa (tal qual Rawls chama) doutrina abrangente é uma verdade absoluta que nos empurra para propostas como as que vimos surgir nos últimos anos no Brasil, Escola Sem Partido[11] e afins, que indepen-

---

[10] Sobre o tema, recomendo o livro: NOGUEIRA, Sidnei. *Intolerância religiosa*. São Paulo: Pólen, 2020, 160pp. (Coleção Feminismos Plurais).

[11] Sobre o tema, recomendo o livro: TOMMASELLI, Guilherme Costa Garcia. *Escola sem Partido*: síndrome de uma educação autoritária. Curitiba: Appris, 2019, 217 pp.

dente de suas intenções já constituem um ambiente ficcional de sala de aula e de verdade absoluta, deixando a porta escancarada para um autoritarismo de costumes. Se não é ético que o professor imponha suas convicções pessoais aos alunos, é uma afronta à cidadania do professor (e dos alunos) impedi-lo de exercer tal cidadania quando a partir de uma concepção política democrática. Se os alunos possuem convicções políticas, morais ou religiosas, é inocência extremada ou vilania insidiosa crer que tais convicções não devam estar sempre sujeitas à intervenção do professor quanto a suas compatibilidades com a constitucionalidade e democracia.

E, por isso, dilemas morais são pertinentes: dilemas morais só cumprem sua função quando parece que perdemos algo na decisão, que nossa convicção de ter feito o certo está carregada de desequilíbrio. É esse tipo de dilema que os alunos encontrarão durante a vida, dilemas que muitas vezes cruzarão com essa construção muitas vezes precária mas surpreendentemente resistente que os humanos inventaram: a democracia. Os dilemas, sejam os individuais ou coletivamente em sociedade, não se tornarão fáceis na medida em que tivermos experiência de debates democráticos, mas auxiliam na resiliência da própria democracia como um dispositivo básico. Metaforicamente, uma bússola, uma corda ou uma vela, esses apetrechos iniciais de um explorador-aventureiro. Mas o explorador-aventureiro sabe o valor da luz (ainda que fugidia) de uma vela quando se encontra em meio às sombras.

Referências

BRASIL. *Constituição (1988). Constituição da República Federativa do Brasil.* Brasília, DF: Centro Gráfico, 1988.

FOUCAULT, Michel. *Vigiar e punir: nascimento da prisão*. Petrópolis: Vozes, 1987.

FREIRE, Paulo. *Professora sim, tia não*: cartas a quem ousa ensinar. Rio de Janeiro: Paz e Terra, 2015.

RAWLS, John. *O liberalismo político.* São Paulo: Martins Fontes, 2011.

SAYÃO, Rosely; AQUINO, Júlio Groppa. *Em defesa da escola.* São Paulo: Papirus, 2004.

SCHNEWLY, Bernard; DOLZ, Joaquim. *Gêneros orais e escritos na escola.* Campinas: Mercado das Letras, 2004.

VIGOTSKI, Lev S. *Psicologia pedagógica.* 2. ed. São Paulo: Martins Fontes, 2004.

NOTAS PARA COMPREENSÃO DA DEMOCRACIA

Rosa Maria Filippozzi Martini

Introdução

Segundo sua origem grega, a palavra *democracia* significa governo do povo. *Demos*: povo e *kratein*: governo. O povo na praça pública (ágora) discutindo seus problemas e elegendo as melhores alternativas para resolvê-los, sob a vigência da Lei. Contemporaneamente, nas sociedades massivas modernas delegamos essa tarefa a representantes. A eleição de nossos representantes configura um poder que damos a eles para deliberar sobre a realização do bem comum. Cabe aos eleitos legislar e zelar para que as leis sejam cumpridas e que representem uma distribuição equitativa de bens. A experiência da cidadania se dá na medida em que exigimos de nossos representantes a luta, em assembleia, por demandas consideradas justas. A democracia implica realização da justiça e participação no poder. Exercemos a cidadania na medida em que delegamos, por meio do voto, o poder político a quem confiamos e que julgamos ser capazes de nos representar no cumprimento do pacto social. Daí a importância dos partidos políticos com seu conjunto de ideias para desenvolver a sociedade e atender a fins comuns. Dessa forma, entre o sistema de fins instrumentais do Mercado e o sistema de regras administrativas e organizacionais do Estado (burocracia), se impõe o exercício da Democracia, expressa na Constituição como guardiã do bem comum.

Perspectiva histórica

Marilena Chauí (2020), em brilhante conferência, apresentou um panorama histórico da democracia, evidenciando sua fragilidade e sua complexidade e historicidade. Adotando a sugestão de Chauí, torna-se essencial uma visada histórica, visto ser a democracia uma produção humana e, sendo, por isso mesmo, uma resultante da historicidade do homem, apresentando avanços e retrocessos. Não existe forma de governo perfeita, mas entre as possiveis a forma democrática se revela ainda como a melhor, necessitando sempre ser aperfeiçoada. Visto que a sociedade humana é perpassada, em sua origem, por desigualdades e conflitos, até agora parece que ainda não foi experimentada uma forma melhor do que a própria democracia para enfrentá-los.

A democracia foi inventada pelos gregos entre os séculos IV e V a.C., revelando, em sua experiência originária, uma aspiração de não viver mais sob a égide da lei do sangue, nem sob o governo dos Deuses, mas sim sob a lei dos próprios homens. Os cidadãos de Atenas poderiam discutir os problemas de sua sociedade e resolvê-los a partir das leis por eles mesmos criadas, atendendo ao direito de se reunir em assembleia, garantindo esse direito apenas aos que eram cidadãos de Atenas, que poderiam participar da mesma em condição de igualdade. Para Aristóteles, o grande problema da política e o que funda a política é a justiça. Chauí (1982), comentando *A política de Aristóteles*, destaca que na questão da justiça é preciso distinguir entre o partilhável e o participável. A justiça referente ao partilhável se efetua pela distribuição equitativa e proporcional dos bens disponíveis. A justiça referente ao participável diz respeito à liberdade de participar do poder. Numa democracia, portanto, é a liberdade o valor que define a igualdade social.

Roma realizou a experiência da República, em que o Senado presidido pelos patrícios (donos de terras) e os tribunos (representantes dos plebeus) decidia a solução dos problemas da sociedade sob o império da lei. Essas experiências, porém, foram breves, dado que as cidades gregas entraram em decadência e foram conquistadas pelos romanos, e Roma, com suas conquistas, transformou-se num Império.

O período medieval, assimilando as raízes greco-romanas ao cristianismo, se configurou em torno da figura do Rei, como alguém ungido pelo Papa para governar e deter todo o poder de governar, de fazer justiça, de formar exércitos, na medida em que era herdeiro da Divina Providência. A forma de participação do povo se dava pela religião e era voltada para a obediência e a servidão.

No Renascimento, Maquiavel em sua obra *O príncipe* (1513) caracteriza o bom governante como aquele que tem a força (virtú) de governar, exercendo seu poder a partir do melhor arranjo das circunstâncias que o mantenham no poder, não permitindo que o acaso (fortuna) cause problemas para o governo de seus súditos. A fonte do poder não é mais divina, mas do soberano. O bom governante seria, então, alguém com uma visão oportuna e sensata das circunstâncias, capaz de ouvir as demandas de seus súditos e com força para atendê-las de forma a levar a cabo seu projeto de poder. A religião não é mais a origem do poder, mas deve ser considerada essencial, visto que cultiva uma disposição para a obediência. Vemos, pois, que as lutas pelo poder, enquanto tensão entre dominantes e dominados, dependem dos arranjos estabelecidos pelo Príncipe, ficando os súditos protegidos por esse poder e devendo-lhe fidelidade e obediência.

Entre os séculos XV, XVI e XVII, com a formação dos estados absolutos, torna-se fundamental a ideia de soberania como forma de afirmação do Estado e articulação do mesmo diante dos demais Estados. Na medida em que o Estado passa a ser o núcleo da preocupação política, o cidadão perde seu poder de participação, tornando-se um sujeito diluído no Estado, o que foi a característica do absolutismo. Afirma-se o poder absoluto do Rei, considerado de origem divina, e este governa com o auxílio da nobreza e do clero, que desempenha um papel predominante de orientação do governante, além do exército, ficando o povo oprimido e obrigado a trabalhar e guerrear para manter o Rei e a nobreza.

Os séculos XVII e XVIII são marcados pelas revoluções. Estas se deram no contexto de reivindicações por abolir o poder absoluto dos reis e obter mais participação da burguesia e do povo no poder.

A Revolução Inglesa (1688-1689) foi chamada de Gloriosa porque implicou pouco derramamento de sangue e, principalmente, uma luta política para limitar o poder do rei. A Inglaterra vivia sob o governo de um rei católico (Jaime II), da dinastia Stuart, que impunha o catolicismo. Inicialmente, a revolta era para afirmar o direito ao culto protestante. A aspiração da liberdade religiosa vinha, porém, integrada a outras demandas econômicas e de participação no poder político. À medida que o povo conquistava mais prosperidade, afirmava-se uma burguesia que, unida ao povo, deu início a novas demandas. Os nobres e um bispo solicitaram a intervenção da Holanda, cujo monarca era parente do rei inglês, no conflito. Ressalta-se que o absolutismo se caracterizava pela hereditariedade do poder, de origem divina, sendo o clero um influente poder sobre o rei. Os protestantes apoiaram a intervenção holandesa porque significava liberdade religiosa. É interessante notar que esta revolução se realizou mais por declarações de motivos dos soberanos e de figuras parlamentares que iam para as ruas falar com o povo, distribuir panfletos para expor suas ideias. A revolução se deu mais por convencimento do que por sangue, portanto por uma luta com aspiração democrática. A principal consequência foi a limitação do poder real por um parlamento que já não poderia ser dissolvido pelo rei e a conquista da liberdade religiosa. A força do parlamento diante do rei afirmava eleições livres para o próprio parlamento, a impossibilidade de aumentar impostos sem a sua anuência, assegurando também liberdade de expressão. A Inglaterra foi assim pioneira em afirmar os direitos do cidadão (Bill of Rights) e acabar com o absolutismo, transformando-se num reinado constitucional. Esse movimento gerou, com as transformações econômicas que já vinham ocorrendo, a Revolução Industrial. Além disso, evidenciou que direitos não são apenas proclamados, mas conquistados por uma luta democrática. Outros movimentos se sucederam a esses. A Inglaterra continuou com lutas por direitos civis e sociais, chegando a realizar a experiência de ser uma república e uma ditadura com Cromwell (1599-1658), tendo voltado a se tornar um reinado constitucional vigente até os dias atuais, no qual o Rei reina, mas não governa, ficando essa tarefa para o parlamento.

Na esteira da Revolução Inglesa, desencadeia-se a Revolução Americana (1756). As treze colônias foram rapidamente aderindo aos revolucionários e proclamaram sua independência, afirmando-se como uma República Federativa. A Constituição americana, redigida por Thomas Jefferson (1743-1826), um humanista, familiarizado com as ideias iluministas, vigora até os dias de hoje. Essa constituição inspirada em Montesquieu, Rousseau, Locke e outros iluministas afirmava a liberdade, o direito à vida e o cultivo dos bens que trazem a felicidade, deslocando a soberania do Estado para o cidadão. Afirmava a separação dos três poderes (executivo legislativo e judiciário) e os pesos e contrapesos, exigidos para o equilíbrio entre os mesmos. Todo esse esforço não foi suficiente, porém, para abolir a escravidão e foi preciso uma guerra civil entre os estados do Norte, industrializados e abolicionistas, e os estados do Sul, escravocratas, para acabar definitivamente com a escravidão (1861-1865).

A notória Revolução francesa de 1789 que derrubou o poder absoluto do rei e proclamou uma república, baseada na liberdade, igualdade e fraternidade se constituiu numa sequência de formas de governo que tentavam experiências democráticas, mas que acabaram em perseguições e terror. A França passou pela restauração de uma monarquia constitucional no século XIX e é hoje uma república.

O século XIX foi palco da afirmação dos impérios constitucionais, liberais na sua forma legal e capitalistas com sua expansão colonialista na Ásia, África e América do Sul e Central. Foi um século de desenvolvimento industrial e de afirmação da burguesia com a consequente formação da classe operária. Um século que exaltava o progresso com o avanço das ciências, das artes e da educação o que teria possibilitado uma realização da democracia, dado os espaços de liberdade que vinha ensejando. Pode-se observar que no século XIX iniciaram-se as lutas das mulheres por emancipação e da classe operária por melhores condições de trabalho, além da luta tanto das mulheres como dos operários pelo voto, afirmando por meio dessas lutas importantes experiências democráticas.

Nesse contexto do século XIX o Brasil torna-se independente de Portugal e afirma-se como um império constitucional sem, entretanto, abolir a escravidão, o que só aconteceu um ano antes da queda do império. A mentalidade escravocrata e a falta de desenvolvimento econômico, social e educacional instalou no Brasil uma classe dominante que atrasa até os dias de hoje nosso investimento numa vida democrática.

O mundo promissor, decantado pelo século XIX, desmorona com o advento da Primeira Guerra Mundial, conflito não bem resolvido que resultou na ascensão de formas totalitárias nazifascistas que provocaram a Segunda Guerra Mundial. O breve século XX, como caracteriza Hobsbawm (1995), foi palco de duas guerras mundiais, nas quais, além dos destrutivos combates que acabaram com a explosão atômica sobre o Japão (1945), se travou a luta pela ideia de democracia contra qualquer forma de totalitarismo, mas sobretudo a luta entre socialismo e capitalismo. A Revolução Russa (1917) havia tornado a Rússia uma crescente potência mundial. Sua participação na Segunda Guerra Mundial ao lado dos países capitalistas, derrotando o nazismo, reforçou o papel da Rússia na Europa. Muitos países do lado oriental da

Europa, não sem luta, aderiram ao regime soviético, ficando o Leste Europeu anexado a Rússia. Desde a revolução e após as duas guerras, a Rússia investiu na reconstrução de sua economia, no desenvolvimento da ciência e tecnologia e na educação do povo, numa forma de governo centralizada e com imenso controle burocrático, impedindo qualquer movimento democrático. Com esse poderoso investimento, a Rússia deu início a corrida espacial, no que foi seguida pelos Estados Unidos, que também investiram pesadamente em ciência e tecnologia e educação. A corrida espacial trouxe junto, na medida em que desenvolveu o poder nuclear, o estado de Guerra Fria entre Estados Unidos e Rússia. Nesses países, a partir dos anos 1950 a industrialização cresceu rapidamente, sendo que nos Estado Unidos havia pleno emprego e bem-estar social, conquistados a partir das lutas de fortes sindicatos, que impunham certos limites à economia liberal, abrindo espaços democráticos. Na Europa a maioria dos países estabeleceu o estado de bem-estar social, sempre ameaçado pelos avanços do mercado. A década de 1960 foi marcada pelos protestos da juventude universitária, que se espalharam pelo mundo inteiro. Os estudantes buscavam democratizar as estruturas ultrapassadas das universidades, proclamavam a liberdade sexual, pediam o fim da guerra do Vietnã, o desarmamento e a paz. Protestos antirraciais nos Estados Unidos e na África contra o colonialismo abriram muitos espaços democráticos.

O Brasil do século XX experimentou um reflexo de todos esses movimentos. Na primeira metade do século passou por governos militares republicanos, seguido de um período de governo civil e uma ditadura (era Vargas, 1930-1954), seguida da recomposição de um governo republicano democrático. Nosso país teve sua era dourada, da década de 1950 até meados dos anos 1960, com o aumento da industrialização, urbanização, construção de Brasília, nova sede do governo federal, mas logo enfrentou crises políticas que resultaram numa ditadura militar que durou vinte e cinco anos. A ditadura militar foi extremamente contestada pelos estudantes e forças políticas que aspiravam à democracia. O poder militar sufocou os revoltosos e cooptou a classe média prometendo o milagre brasileiro, que se reduziu a uma industrialização crescente e a construção de obras faraônicas. Apesar disso, fortaleceu-se a luta sindical, a tal ponto que, após a derrubada da ditadura militar, chegou-se a ter um presidente ex-metalúrgico que teve sucesso em dois mandatos (era

Lula, 2003-2010). O Brasil entra no século XXI em plena democracia, não sem as dificuldades que se seguirão.

O século XX chegou ao fim com a queda da antiga União Soviética. Na primeira metade do século XX a Rússia, predominantemente agrária, se industrializou rapidamente, a custa do sacrifício de muitas gerações, a ponto de fazer frente, com sua economia planejada, ao capitalismo americano. Na década de 1970, a maioria dos russos se sentia melhor do que em épocas passadas. No entanto, o termo *nomenklatura*, a partir dos anos 1980, passou a significar a fraqueza da burocracia do partido, com uma mistura de incompetência e corrupção. Desde os anos 1950, Rússia e Estados Unidos vinham se envolvendo em guerras no Oriente Médio (Guerra da Coreia/1951-53; Guerra do Vietnã/1965-73; Guerra do Golfo/1991-92). A crise do petróleo, decorrente da Guerra do Golfo, favoreceu a Rússia, rica em petróleo, e esta passou a importar mercadorias do Ocidente, pagando em dia, o que dava a impressão de estabilidade. Por outro lado, os dólares advindos dos Estados da OPEP (Organização dos Países Exportadores de Petróleo: Angola, Argélia, Líbia, Nigéria, Arabia Saudita, Emirados Arabes Unidos, Irã, Iraque, Kuwait, Qatar, Equador, Venezuela) facilitavam empréstimos. As economias socialistas, especialmente Polônia e Hungria, eram muito inflexíveis para conseguir utilizar produtivamente os recursos dos empréstimos feitos para solucionar seus desequilíbrios financeiros e políticos. Segundo Hobsbawm (1998), a Primavera de Praga (invasão da Tchecoslováquia pela Rússia, 1968) deixou claro que os regimes satélites comunistas tinham perdido sua legitimidade na região. No contexto dessa estagnação chega ao poder, em 1985, Gorbachev. Ele fazia parte de uma classe média educada e tecnicamente formada que administrava o país e que respondeu ao apelo de Gorbachev por abertura (*glasnost*) e reconstrução (*perestroika*). Gorbachev pretendia reestruturar as estruturas políticas e econômicas com liberdade de informação. Isso significava a reintrodução na velha União Soviética de um Estado constitucional e democrático, baseado no império da lei e em liberdades civis. Os reformadores desejavam, naquele momento, ter as vantagens do capitalismo, sem perder as do socialismo. Gradativamente, ao longo de 1989 o poder comunista deixou de existir de forma pacífica, nos diversos países da Europa Oriental (Polônia,Tchecoslováquia, Hungria, Romênia, Bulgária). O símbolo dessa onda de democratização foi a queda do muro de Berlim em novembro de 1989, no contexto da reunificação das Alemanhas Oriental e Ocidental. Esse movimento de luta pela democracia alcançou também a China comunista e foi reprimido pelo Exército Vermelho. O símbolo dessa repressão foi o Massacre da Praça da Paz Celestial (Praça Tienanmem), que matou cerca de mil estudantes e civis que protestavam pacificamente. Na Rússia o sistema centralizado comunista ia gradativamente se deteriorando e o grande problema era como transformar uma economia centralmente planejada e uma política de partido único numa economia dinamizada pelo mercado e numa política democrática. Gorbachev não conseguiu realizar esse projeto e renunciou em 1991. A Rússia voltou a um governo centralizado e antidemocrático e fechou-se em suas antigas fronteiras no século XXI.

Na segunda metade do século XX, a maioria dos países da Europa, liderados pela Grã-Bretanha, conseguiram estabelecer um estado de bem-estar social e uma vida democrática, embora ameaçada pela economia, agora neoliberal, que sempre avança sobre os direitos sociais. Nesse contexto do pós-guerra, a supremacia americana foi um fato e o dólar funcionou como estabilizador e garantia do sistema internacional de comércio por estar ligado a uma quantidade específica de ouro, sistema que entrou em declínio a partir dos anos 1970. Os Estados Unidos, no pós-Guerra, conseguiram manter um alto nível de emprego aliado ao crescimento econômico, tentando equilibrar economia liberal com democracia social. Ao mesmo tempo, a nação americana se envolveu em constantes conflitos no Oriente (Coreia, 1950-53; Laos, 1953-75; Vietnã, 1965-75; Golfo, 1990-91; Iraque, 1991-2003, além da Bósnia, 1994-95 e Kosovo, 1998-99), com o objetivo formal de combater o comunismo, mas ao mesmo tempo mantendo uma indústria de guerra, aliada a um grande desenvolvimento científico e tecnológico. A agricultura mecanizada permitiu uma rápida urbanização e novas demandas educacionais, aumentando o número de jovens nas universidades, na esperança de conquistarem bons empregos e um status social superior. Esse fenômeno foi mundial e a revolta estudantil que começou na França, em maio de 68, alastrou-se rapidamente pelo mundo. Nos Estados Unidos, a segregação racial era um fato, os estudantes integraram às suas reivindicações a luta antirracial, além do feminismo, liberdade sexual e fim da guerra do Vietnã. Na Europa o movimento estudantil chegou a provocar greves operárias.

O século XXI se inicia com a comunidade europeia lutando por uma unidade política e econômica, pela manutenção de um estado de bem-estar social e vida democrática. Os Estados Unidos, que eram e são a maior potência mundial, se tornam o país com maior desigualdade social do mundo. A propalada democracia americana vinha sendo construída sobre uma economia dita neoliberal que privatiza gradativamente os direitos sociais, ocasionando o desemprego, o enfraquecimento dos sindicatos e da participação política. Sendo a nação que, desenvolvendo uma economia neoliberal, presidiu a internacionalização e globalização da economia mundial, bem como aquela que investiu pesadamente em ciência e tecnologia, produzindo computadores cada vez mais avançados, desenvolvendo a indústria da comunicação, a internet, todos os campos das ciências físicas, biológicas e sociais, não conseguiu, entretanto, suscitar com sua supremacia certa estabilidade e paz mundial, constatando-se antes uma internacionalização da violência, cujo símbolo foi o atentado às torres gêmeas do World Trade Center, em Nova York, em 11 de setembro de 2001. O problema se colocava em como manter uma democracia global e local diante das provocações do terror fundamentalista. Os Estados Unidos entram no século XXI envolvendo-se na guerra do Afeganistão, com o objetivo de eliminar o terrorismo, liderado por Osama Bin Laden. A guerra é conhecida também com o nome de "Operação Liberdade Duradoura" e envolveu também outros países, como Reino Unido, Canadá, Países Baixos e outros. Em 2011 uma operação secreta americana localizou e matou Osama Bin Laden, mas as tropas americanas continuaram no Afeganistão, anunciando o propósito de auxiliar na reconstrução do país. Quando os Estados Unidos invadiram o Afeganistão, o Talibã tinha proibido a produção de ópio, após a invasão o país recuperou sua posição de maior produtor mundial de ópio. A retirada das tropas americanas só ocorreu a 30 de agosto de 2021, quando o país foi retomado pelo Talibã. Pode-se observar que o início do século XXI, nos Estados Unidos foi de uma democracia baseada numa economia neoliberal que silenciosamente corroía o estado de bem-estar social e o pleno emprego. A economia neoliberal implica uma racionalidade política que reconfigura práticas e instituições. A lógica do mercado é aplicada a todas as instituições que passam a ser vistas como empresas, atingindo a própria subjetividade, que é vista como autoempreendedora. O neoliberalismo desloca o fundo público para fortalecer o capital, redefinindo os direitos sociais como serviços que são privatizados, tais como saúde, educação e previdência. O objetivo de todas as operações é a eficácia. Esta lógica gera suas próprias crises. Um exemplo desta dinâmica foi a crise de 2008 nos Estados Unidos, quando grandes instituições financeiras faliram e muitos ficaram desempregados ou com empregos precários.

O que se pode constatar com o fracasso do comunismo e as crises do capitalismo é que ambos esqueceram algo para realizar a vida democrática. Segundo Hobsbawm (1998), o fracasso do modelo soviético pareceu aos defensores do capitalismo que nenhum governo poderia funcionar sem o livre mercado. Por outro lado, as crises do capitalismo evidenciaram aos socialistas que os assuntos humanos eram muito importantes para serem deixados ao sabor do mercado.

Uma das principais consequências do neoliberalismo, além da destruição gradativa dos direitos sociais, é o encolhimento do espaço público, que passa a ser ocupado por gestores competentes. O cidadão, apesar de votante, fica afastado da política e esta se dá por decisões que geralmente incrementam o capital para investimentos em tecnologia e segurança interna e externa.

Atualmente o Brasil mantém uma democracia bastante agredida por investidas autoritárias, mas tenta se afirmar como uma forte economia e uma resistência democrática.

Na atualidade as duas grandes potências são Estados Unidos e China, evidenciando resultados tanto do capitalismo neoliberal como do comunismo, embora com a mediação do mercado globalizado. Por outro lado, há uma forma de degradação da cidadania que irrompe ocasionalmente em movimentos, como *"black lives matter"*, evidenciando o significado e a importância da vida democrática.

Modelos de democracia

Observando as experiências históricas relatadas, podemos verificar que a democracia não se restringe à sua expressão em formas de governo, mas que é sobretudo uma ideia em ação que se cumpre na medida em que afirma os direitos de uma sociedade de eleger seus representantes e governantes, só podendo existir se a liberdade dispuser de um espaço garantido e seguro. Segundo Touraine (1995), o poder precisa ser limitado e os atores sociais devem se sentir responsáveis por sua liberdade, reconhecendo os valores e direitos da pessoa humana, não definindo os outros por si mesmos e seu grupo social ou por seus interesses. Não há, portanto, democracia sem responsabilidade, oportunizada pela educação formal e os diversos meios de informação e a participação na comunidade. Assim sendo, a Democracia é um processo de contínuo aperfeiçoamento e passível de todas as fragilidades humanas, visto que enfrenta, continuamente, os seus próprios conflitos, o jogo neutro do Mercado e o peso da burocracia, originada na administração do Estado, devendo ser resguardada pela vigilância da cidadania. Para que esse processo aconteça, se faz necessária a circulação da informação e a aprendizagem constante do convívio respeitoso com o outro. Tais condições são aprendizagens humanas que se dão pela educação. Como afirmava Paulo Freire (1976), os homens se educam uns com os outros pela leitura do mundo e na luta pelas suas expectativas legítimas e seus direitos.

Na sociedade atual, extremamente complexa, com inúmeros requerimentos e múltiplas necessidades, a prática da democracia torna-se um trabalho árduo, no qual há o constante perigo do poder que arregimenta privilégios e ameaça a prática do bem comum. Nas democracias atuais o exercício do poder político encontra-se afastado do cidadão. O exercício da cidadania exige interesse, informação e educação para que se dê uma participação por meio de sindicatos, associações profissionais, entidades de classe, associações comunitárias. Há que se ter um constante cuidado para priorizar as necessidades humanas que pressupõem a luta por direitos, em vez das aspirações do poder pelo poder e queda no autoritarismo. A organização e priorização do encaminhamento de ações que lutem por direitos é um problema ético e uma tarefa política. Estar diante de opções sobre o que é a atitude mais correta é a essência da moral e ela não pode estar afastada da política que deve lutar pelo que é justo. Não hão de faltar meandros de argumentação para dar mais peso ao poder e ao dinheiro, por isso mesmo a vigilância sobre todas as instâncias do poder tem que ser constante. Essa vigilância que implica viver com o outro e reconhecê-lo como um igual, respeitando suas diferenças, é tarefa da educação, na medida em que é por meio dela que aprendemos a viver em sociedade. A defesa que fazia Paulo Freire de uma educação em que os sujeitos se descobrem no mundo com os outros, aprendendo a participar da comunidade, acentua a dimensão ética e política da educação. Entre as exigências do Mercado e as determinações do Estado é preciso, portanto, germinar e se desenvolver a vida democrática que emerge de uma sociedade democrática, cujos cuidados poderiam ser promovidos por uma educação que não seria apenas uma mera aquisição de conteúdos, mas uma tarefa de conscientização, de exercício da liberdade, traduzida em cooperação e solidariedade. A ética da política se cumpre na medida em que zela pela justiça das instituições.

Marilena Chauí (2016) apresentou em notável conferência as características essenciais da democracia. Com relação ao poder, faz notar que o mesmo consiste num lugar vazio. O detentor do poder é o povo na medida em que é ele que elege seus representantes. A democracia implica uma separação entre o público e o privado. Implica a divisão dos três poderes: legislativo, executivo e judiciário, e estes não implicam o poder de usá-los em benefício próprio, mas para o bem comum. A sociedade democrática se caracteriza pela criação e defesa de direitos. Um direito é sempre universal, ao contrário de uma necessidade ou interesse que são particulares. Difere também de privilégio que fere a democracia, enquanto que uma necessidade pode transformar-se em direito. Por exemplo a necessidade de saneamento básico diz respeito ao direito à vida. A democracia não se restringe a uma forma de governo, mas é uma forma social de existência coletiva cuja atividade é a criação e manutenção de direitos. A democracia implica luta contra todas as formas de repressão, no direito à participação para declarar e ampliar direitos. A democracia considera o conflito como legítimo e reconhece o poder de organização para superar os conflitos. Por exemplo, movimentos sociais, sindicatos são legítimos numa democracia. A democracia, por ser um movimento em ação, está sujeita ao tempo histórico e traz consigo a ampliação da cidadania e o risco da regressão do processo democrático.

Habermas (2002) apresenta três modelos de democracia: a democracia liberal, a republicana e a democracia deliberativa.

A democracia liberal programa o Estado para que ele funcione no interesse da sociedade. O Estado é concebido como aparato da administração pública e a sociedade como sistema de circulação das pessoas e do seu trabalho social, estruturado segundo as leis do mercado. A política tem a função de congregar e impor interesses sociais em particular por meio de um aparato estatal, especializado previamente no uso administrativo do poder político para fins coletivos.

A democracia republicana institui a política como um processo de coletivização social como um todo. A política é concebida como forma de reflexão sobre um contexto de vida ético. A práxis política dos cidadãos origina-se de uma base social autônoma, independente da administração pública e da mobilidade socioeconômica privada, que não permite que a comunicação política seja absorvida pelo Estado e seja assimilada pelo mercado.

Habermas (2002) analisa ainda esses dois modelos com relação ao papel do cidadão. Segundo a concepção liberal, o status do cidadão se determina de acordo com a medida dos direitos individuais de que ele dispõe face ao Estado e aos demais cidadãos. Estes contam com a defesa do Estado dentro do limite das leis. Direitos subjetivos são direitos negativos que garantem um espaço de ação alternativa em cujos limites os sujeitos do direito permanecem livres de coações externas. Os direitos políticos oferecem aos cidadãos a possibilidade de conferir validação a seus interesses particulares que possam vir a agregar-se a outros interesses privados, por meio de votações, formação de corporações parlamentares e composições de governos. Todas essas ações são transformadas em vontade política que exerce influência sobre a administração. Dessa forma, o cidadão controla o poder estatal. Na concepção republicana de democracia, o status do cidadão não é determinado por liberdades negativas das pessoas em particular. Os direitos de cidadania decorrem da participação e comunicação política. São direitos positivos que garantem a participação numa práxis comum, por meio da qual os cidadãos se tornam sujeitos politicamente responsáveis como pessoas livres e iguais. O poder estatal desloca-se para um poder gerado comunicativamente em meio a práxis de autodeterminação dos cidadãos do Estado e legitima-se pelo fato de defender essa mesma práxis por meio da institucionalização da liberdade e da vontade de cidadãos livres e iguais que chegam a um acordo mútuo quanto a quais devem ser os objetivos e normas que correspondam ao interesse comum. A justificação existencial do Estado não reside de antemão na defesa dos mesmos interesses subjetivos, caso do modelo liberal, mas na garantia de um processo de formação de opinião democrática, em que a ordem jurídica se constrói a partir de direitos positivos. No modelo de democracia republicana há um primado do teor jurídico objetivo em que os direitos são pressupostos, bem como seu alargamento e criação de novos direitos. No modelo liberal a ordem jurídica se constrói a partir de interesses subjetivos. Quanto à natureza do processo político, a concepção liberal se concentra na luta por posições para poder dispor do sistema administrativo. As decisões, tomadas pelas eleições, têm a mesma estrutura que os atos eletivos de participantes do mercado, voltados para o êxito. Na concepção republicana a formação de opinião e vontade política se dá no sentido de uma práxis de autodeterminação dos cidadãos do Estado. O paradigma não é o mercado, mas a interlocução.

Habermas propõe um terceiro modelo, que parte de uma crítica à filosofia do sujeito, que pode ser denominado democracia discursiva. Os dois modelos anteriores são baseados no todo e em suas partes, que podem ser o conjunto soberano de cidadãos ou uma constituição. Numa democracia discursiva a sociedade é descentralizada e o si-mesmo da comunidade jurídica desaparece sob formas de comunicação não subjetivadas, as quais regulam o fluxo da formação discursiva da opinião e da vontade, de forma que seus resultados falíveis pressuponham procedimentos racionais. Com isso, a soberania popular é mantida numa perspectiva intersubjetiva que se abriga no processo democrático e na implementação jurídica de seus pressupostos comunicacionais, exigentes o bastante para conferir validação, enquanto poder gerado por via comunicativa. A democracia deliberativa tem como seu elemento constitutivo uma sociedade complexa que se exime de assumir um ponto de vista normativo. A política consiste num pressuposto para a solução de problemas que deverá se comunicar por meio do direito com todos os demais campos de ação, legitimamente ordenados. Assim, a política deliberativa é realizada formalmente com os procedimentos convencionais de formação institucionalizada da opinião e da vontade ou informalmente nas redes da opinião pública, mantendo uma relação interna com os contextos de um mundo da vida cooperativo e racionalizado. Os processos comunicativos de cunho político, passando pelo filtro deliberativo, dependem de recursos do mundo da vida, principalmente no tocante a uma cultura política libertadora, a uma socialização política esclarecida e às iniciativas de associações formadoras de opinião.

A abordagem habermasiana de uma democracia pautada por uma política deliberativa está sugerida nas reações anticapitalistas que lutam contra a exploração, a desinformação, a despolitização e o uso abusivo dos recursos naturais, caso dos movimentos ecológicos. Essas iniciativas estão presentes nas cooperativas de distribuição de alimentos, nas hortas comunitárias, em programas de promoção da saúde, formação profissional, clubes de leitura, democracia na escola, orquestras jovens e outras manifestações artísticas etc. Tais iniciativas transformam a busca de alternativas para se viabilizarem em lutas políticas que podem fazer face tanto às imposições do mercado como a formalização das estruturas burocráticas do Estado. A democracia deliberativa é, portanto, um processo em aberto que oportuniza a criação e alargamento de direitos e enfrenta o avanço do neoliberalismo, que desmonta todas as instâncias da sociedade democrática.[1]

Referências

ALBORNOZ, Suzana Guerra. *Vocação Brasileira*: leituras transdisciplinares. 2. ed. Porto Alegre: Fi, 2017.

CHAUÍ, Marilena. Conferência: *História da Democracia*. São Paulo: Boitempo, 2020.

CHAUÍ, Marilena. Conferência: *O que é Democracia*. Florianópolis: UFSC, 2016.

CHAUÍ, Marilena. *Cultura e Democracia*: o discurso competente e outras falas. 3. ed. São Paulo: Moderna, 1982.

FREIRE, Paulo. *Educação como prática da Liberdade*. Rio de Janeiro: Paz e Terra, 1967.

FREIRE, Paulo. *A pedagogia do oprimido*. Rio de Janeiro: Paz e Terra, 1974.

HABERMAS, Jurgen. *A inclusão do outro*: estudos de teoria política. São Paulo: Edições Loyola, 2002.

HOBSBAWM, Eric. *Era dos extremos*: o breve século XX. São Paulo: Companhia das Letras,1998.

MAQUIAVEL. *O príncipe*. São Paulo: Cultrix, 1995.

TOURAINE, Alain. *Crítica da modernidade*. Petrópolis, RJ: Vozes,1995.

---

[1] Sugiro o texto de Suzana Albornoz para elucidação de aspectos não abordados, especialmente democracia na América Latina.

SOBRE A DEMOCRACIA

Suzana Guerra Albornoz

É uma honra participar deste livro com algumas páginas sobre a democracia, mas também é um desafio.[1] Escolhi o registro da História. Farei um breve resumo do caminho da democracia no Ocidente e no universo brasileiro. Consciente dos limites e riscos de um texto assim breve, de todo modo, começo por relembrar o surgimento da democracia na Grécia durante os séculos VI e V a.C., sobretudo em Atenas, onde se deu uma experiência histórica de democracia direta, de decidir as coisas públicas da cidade em assembleia dos cidadãos, da qual não participavam todos os habitantes da cidade. Também parece bom lembrar que nos chamados tempos modernos, sobretudo nos sécs. XVII e XVIII, afirmou-se no Ocidente uma nova forma de democracia, a representativa, que acompanhou a revolução burguesa, e que até hoje é dada como o modelo ideal de governo, com a distinção e combinação de três poderes – o executivo, o legislativo e o judiciário –, com leis que buscam superar o poder do monarca ou do presidente da República, tendo por base a soberania do povo, manifesta em eleições periódicas que devem expressar a vontade da maioria. Em nenhum momento esse modelo ideal de democracia se realizou inteiramente nem permaneceu firme por muito tempo, no entanto houve períodos em que se expandiu, mostrando-se como experiência mais ou menos bem-sucedida, com um ou outro acento, um ou outro limite, uma ou outra prioridade, de modo que o regime democrático pode ser julgado como o melhor – pelo menos, como o menos imperfeito –, por grande parte da população do planeta.

---

[1] Para compensar a falta de detalhamento deste texto breve, remeto ao meu livro na Editora Fi: *Política e vocação brasileira – leituras transdisciplinares*, assim como às obras do professor Renato Janine Ribeiro.

Os sécs. XIX e XX, em plena maturidade do sistema capitalista, foram séculos de revoluções[2] e de guerras de potência destrutiva como nunca antes. Na tensão contínua entre as tendências conservadoras, tradicionais e autoritárias, e as forças democráticas contra a exploração de classe e pela justiça social, mas também contra o colonialismo, os imperialismos, e especialmente contra o racismo, continuou a luta em busca de uma democracia ampliada – além de propriamente política, social e econômica. De 1917 a 1990, no Leste Europeu, no Caribe e em outros pontos do planeta, experiências ditas socialistas desafiaram a democracia burguesa, dinamizando as lutas políticas, de forma revolucionária ou reformista, social-democrata, sendo que reformas e novos direitos dentro do mundo ocidental se devem em parte à pressão dessa oposição em nível internacional. Após a II Guerra Mundial, com a derrota do nazismo, a consciência global testemunhou um momento de reconstrução, no qual surgiu a Organização das Nações Unidas, na esperança de evitar outra guerra de tais proporções. Naquele período de conflito entre maneiras diversas de compreender e organizar economia, sociedade e política, que entrou para a história como o tempo da Guerra Fria, redefiniram-se impérios e o mundo foi dividido entre as democracias liberais do Ocidente e as populares de cunho socialista, continuando a manter-se a diferenciação entre países ricos desenvolvidos e os do mundo subdesenvolvido na periferia do capitalismo, que até hoje se definem como países em desenvolvimento, na realidade, dependentes, submetidos aos poderes imperiais da economia capitalista. No seio da oposição entre democracias liberais e populares, a oposição geopolítica foi concomitante a movimentos por direitos sociais dentro das sociedades do Ocidente, de forma que a experiência do bloco socialista no Leste Europeu exerceu uma influência sobre as sociedades democráticas do mundo capitalista, como por concorrência, estimulando a luta e conquista de novos direitos para as classes trabalhadoras.[3]

---

[2] Para entender melhor do que se trata, recomendo a leitura de Eric Hobsbawm, especialmente *Era dos Extremos, O breve século XX (1914-1991).*

[3] Para completar esse panorama, recomendo *A era dos direitos*, do pensador e político italiano Norberto Bobbio.

Nem a democracia real tem sido tudo o que se espera da democracia ideal nem o socialismo existente foi tudo o que se esperava do socialismo ideal[4], e assim, a partir da queda do muro de Berlim, iniciou-se nova fase da política em âmbito internacional, portanto das experiências de democracia e das lutas democráticas. Embora não haja desaparecido a razão da distinção entre esquerda e direita[5], as configurações políticas se apresentam diversas conforme o momento e o lugar. As combinações são variadíssimas, conforme os grupos e países e situações particulares, na busca de mais igualdade ou na reação contra os movimentos de inspiração igualitária, cruzados com a oposição entre autoridade e liberdade. As nuances do conflito entre as lutas pela igualdade e pela liberdade se envolvem nas realidades concretas, com os movimentos de libertação de povos ou grupos oprimidos, com a defesa dos direitos humanos e com a causa ecológica, abrindo-se para a afirmação das chamadas pautas identitárias de setores sociais específicos, concentradas nas questões de equidade associadas a diferenças de raça ou etnia, de cultura ou religião, e de gênero.[6]

Neste início de Milênio, depois da primeira década em que se instauraram novos conflitos mundiais, potencializadas pelas novas tecnologias de comunicação, em muitas partes do mundo ocorrem massivas manifestações de rua, de modo especial nos países do Oriente Médio, o que levou à invenção da expressão "primavera árabe", por mais democracia. Na verdade, manifestações aconteceram também em outras partes do mundo, em países da Europa e, mesmo, nos EEUU, mostrando novas faces da crise e da aspiração democrática. Se nos movimentos do século XX, além da luta operária, afirmaram-se movimentos de emancipação de grupo como o das mulheres, a luta por direitos civis, o conflito de gerações, nas situações do início do milênio

---

4 Proponho que se busque corrigir a reflexão aqui demasiado abreviada pela leitura dos ensaios do professor Claude Lefort (1929-2010).

5 Remeto à leitura de outro pequeno livro de *Bobbio: Direita e esquerda, testemunho de uma polêmica no final do século XX.*

6 A filósofa e ativista afro-americana Angela Davis, no centro de grande mobilização democrática mundial (1968-1970), elabora a vinculação dinâmica das causas democráticas de classe, de raça e de gênero. A autora traz contribuição importante para a questão do encarceramento, a partir da realidade das prisões no país central do sistema.

se expressam novas insatisfações com as democracias existentes, talvez em parte provocadas pela revolução tecnológica que se associa ao desemprego de imenso número de jovens. Os sociólogos políticos no final do século passado já detectavam a diminuição do interesse e da confiança na política por parte importante da juventude, no contexto de uma crise de representatividade da classe política profissional e da política estabelecida em geral, acrescida pela crise do capitalismo globalizado e pelo modo urbano de vida nas metrópoles, que tende a criar mais distanciamento entre representantes e representados. Ou seja, a crise da política e da democracia, com consequente enfraquecimento partidário, já se anunciava nos movimentos sociais espontâneos, mas nas manifestações de 2010-11 a democracia, enquanto nos países centrais se acompanhava de descrédito, demonstrou-se desejada por grupos externos aos da tradição democrática de origem europeia.[7]

Na atualidade, sem considerar a tragédia da pandemia da Covid-19 que torna a situação muito grave, o planeta Terra enfrenta uma forma cruel de capitalismo financeiro, com discurso neoliberal sustentado por uma minoria poderosa, junto a transformações no mundo do trabalho e imenso desemprego, com populações expulsas de seus países por conflitos violentos que passam a ser rejeitadas nos países onde buscam refúgio, criando-se situações muitas vezes exploradas por nacionalistas de direita. Em latitudes várias, contudo, continuou a acontecer a pressão pelo aperfeiçoamento das democracias concretas, com manifestações com sentidos vários e ainda não bem avaliados, de que são exemplos o movimento dos coletes amarelos na França, em 2018; as manifestações pela superação do espólio ditatorial que resultou em nova Assembleia Constituinte no Chile, bem como os movimentos antirracistas *black lives matter* nos EEUU, em 2020. A nova oposição mundial se faz entre o Ocidente capitalista neoliberal, em que muitos países dificilmente se podem chamar de democracias, e a emergência da velha civilização do Oriente que se apresenta como socialista com traços de economia de mercado, como concretização de um novo conceito, um novo tipo de democracia.

---

7 Todorov, escritor de nacionalidade francesa nascido na Bulgária, faz uma análise muito interessante desse olhar, de dentro e de fora, da democracia europeia.

Na América Latina, a história da democracia tem sido contraditória, complicada e difícil, uma história de dominação e dependência. É muito pertinente a interpretação que aponta a grande dívida dos impérios coloniais da Europa e da América com a América do Sul,[8] detectando em nossas riquezas, espoliadas sem escrúpulos, a origem da pobreza que aflige nossas populações, pobreza provocada criminosamente através de séculos de violência, exploração e desrespeito. Particularmente no Brasil, a aparição da possibilidade de democracia foi precedida por séculos de domínio colonial, de escravização e de exploração. Os ideais de democracia nos chegaram como repercussão das Luzes europeias, mas custaram a ser tolerados, menos ainda permitidos e respeitados. Não podemos avaliar exatamente a influência das culturas originárias indígenas e de origem africana, de todas as migrações, desde a libanesa, as europeias, a japonesa, sobre a nossa maneira de idealizar a democracia.[9] Fato inegável é que, mesmo em comparação com nossos irmãos e vizinhos da América hispânica, a democracia no Brasil é experiência recente, portanto tem como opositores o costume e a tradição. Após três séculos de colonização portuguesa, com ausência de autonomia nacional e de instituições políticas próprias, também no período do Império o Brasil se manteve organizado de forma muito desigual, elitista, continuando, ainda em longo período após a independência, a suportar a tremenda vergonha da escravidão, até quase o final do século XIX. A abolição formal da escravidão em 1888, quase contemporânea da instauração da república em 1889, não significou propriamente mais poder para o povo nem melhoria da qualidade de vida e do respeito aos direitos do povo trabalhador, pobre e abandonado. O tímido desenvolvimento das instituições educacionais que no Brasil permitiria as primeiras universidades somente em 1934 parece-me ser demonstração expressiva da ausência de cuidado com a maioria da população e da falta de expectativa de sua participação.

---

8 Basta lembrar a análise do escritor uruguaio Eduardo Galeano, sobretudo em *Venas abiertas de América Latina.*

9 No meu livro de 2017, refiro-me aos "livros que inventaram o Brasil", como Raízes do Brasil, de Sérgio Buarque de Holanda, que, apesar da crítica que lhe é feita por Jessé Souza, me parece leitura importante para entender os limites da democracia brasileira.

A partir de 1930 até o final do Estado Novo, cujos traços ditatoriais e repressivos são inegáveis,[10] paradoxalmente, surgiriam instituições que, além das Universidades já aludidas no parágrafo anterior, favoreceriam a passagem para um novo patamar de democratização moderna, como o direito ao voto das mulheres, as leis trabalhistas ou CLT, alguns partidos políticos abertos para o interesse social, popular, e empresas estatais estratégicas, como a Petrobrás. Do início da década de 50 aos primeiros anos 60, quando se construiu a utópica cidade de Brasília, aconteceu viva mobilização de forças sociais pela democracia no Brasil, tanto em áreas rurais, pela justiça ligada à terra, como nas classes urbanas, pelos direitos trabalhistas, e mesmo na classe média, por mais liberdade nos costumes e pela reforma universitária, enfim, por reformas de base, ou seja, de diversas maneiras buscou-se a democracia. Infelizmente, o Império deu apoio à "elite do atraso"[11] e às forças mais conservadoras, inclusive armadas, de modo que, depois de evitar-se um golpe em agosto de 1961, pela resistência do movimento da Legalidade em Porto Alegre, em 1964 o Brasil sofreria o golpe militar que se manteria por vinte e um anos, instalando-se durante aquelas duas décadas um regime fortemente autoritário e repressivo, com censura nas artes, na imprensa, dos partidos e das opiniões divergentes, com impedimento das manifestações públicas, com controle estrito inclusive no interior das escolas e universidades, com violência de estado contra os opositores do regime de todas as categorias.

Ao final da década de 70, ante a organização sindical do operariado mais numeroso com a expansão da indústria e outras condições econômicas e sociais, viveu-se a chamada abertura do regime militar. Especialmente após 1979, com a Lei da Anistia e o retorno dos democratas que se encontravam no exílio, animou-se a sociedade civil e fortificaram-se as pressões espontâneas pela democratização dos diversos segmentos sociais, tais como o movimento de mulheres, aliados aos movimentos populares dos sindicatos e federações do trabalho, do movimento negro, de profissionais das diversas áreas, muito especialmente os trabalhadores da educação, o pessoal da cultura,

---

[10] Basta ler *Memórias do Cárcere*, do grande Graciliano Ramos.

[11] *Elite do atraso*, justamente, é o título de um dos livros de Jessé Souza que recomendo a quem estiver interessado no tema da democracia no Brasil.

as associações de profissionais liberais, o jornalismo mais progressista. Um momento importante da democracia brasileira foi a campanha pelas *Diretas já* em 1984, que, se pareceu fracassar naquele momento, contudo garantiu a continuidade do processo de abertura para encontrar a saída da rigidez da ditadura e em 1985 o Brasil retoma certos ritos e liberdades democráticas que encontram sua formulação através da Assembleia Constituinte, na Constituição cidadã de 1988.

De 1988 a 2016, nosso país fez sua mais longa e efetiva experiência de democracia, embora com limites, fragilidades, vicissitudes e incertezas, navegando dentro da economia de mercado, com sobras legais da época autoritária, com uma classe burguesa refratária a mudanças no sentido da igualdade. Apesar dos caminhos incertos, de cada um dos períodos dos governos posteriores ao regime militar, é possível contar uma conquista importante no sentido da democracia. Desde a instalação da Assembleia Constituinte e seu resultado na Constituição cidadã, compromissos com a conservação da natureza e novas leis, com o Estatuto da Criança e do Adolescente, com o desenvolvimento do Sistema Único de Saúde, enfim, com a pressão dos movimentos sociais, aconteceram conquistas importantes, apoiadas pelo lado cidadão da Carta Magna. Ainda que sob o ataque de interesses capitalistas poderosos, esse tempo encaminhou avanços no sentido da realização de uma democracia no Brasil. Apesar de que se tenha mantido a perspectiva oligárquica da elite do privilégio, a sociedade brasileira experimentou mais liberdade, com amadurecimento de novos sujeitos políticos, dando condições para a experiência de 2002 a 2016. Estas poucas páginas não possibilitam a análise detalhada das nuances democráticas destas três décadas, mas cabe reconhecer a significação do convívio entre partidos consistentes que nesse tempo tomaram envergadura em âmbito nacional. Alianças de centro-esquerda e de centro-direita conseguiram algumas realizações e deram tempo para a democracia brasileira atravessar alguns impasses, superar algumas distâncias, subir alguns degraus na superação de seu passado iníquo de desigualdade e injustiça e silêncio.

Foi assim que em 2002 pôde ser eleito, pela primeira vez na história do país, um representante da classe operária, por um partido expressamente a favor dos trabalhadores. A brevidade deste texto não permite enumerar as realizações desse período em favor da democracia brasileira, quando foi implantado um governo reformista preocupado com inclusão social, que desenvolveu políticas públicas em prol do favorecimento dos mais pobres. Fome Zero, Bolsa Família, Minha Casa Minha Vida, Sem Fronteiras, Política de Quotas, Mais Médicos são apenas alguns nomes que evocam programas que nesses anos auxiliaram a combater a insegurança alimentar, o abandono escolar, o desemprego, e possibilitaram a milhões de brasileiros o acesso a melhor saúde e a mais estudo, mesmo ensino superior, com promessa de mais reconhecimento e mais confiança no futuro. Para continuar avançando era ainda necessário mais tempo de esforço coletivo, e a democracia ainda devia enfrentar melhor a proteção das nossas imensas riquezas ambientais, das culturas originárias, e a questão crucial dos direitos humanos, da justiça penitenciária e da violência policial.

Após a quarta eleição vencida pelo projeto democrático de inclusão social, as oposições insatisfeitas se unem contra a continuidade da reforma igualitária, portanto, contra a democracia. Quando interesses poderosos se sentem ameaçados, quando fantoches atuam por interesses estrangeiros, quando a classe média se sente menos favorecida, quando a mídia corporativa defende a elite do dinheiro, quando parte do poder judiciário se faz cúmplice, quando igrejas dão sua bênção ao combate contra a democracia, instala-se no Brasil verdadeira guerra híbrida que utiliza sem escrúpulos calúnias e desinformação (*fake news*), ações judiciais sem fundamento (*law fare*), e perpetra um crime político infame contra uma governante honesta destituída do cargo em 2016 – golpe político que, ao mesmo tempo, foi golpe contra o Brasil e o estado de direito, crime continuado pela prisão por 580 dias do ex-presidente candidato à eleição de 2018.[12] Nos últimos anos, a democracia no Brasil vem sofrendo um acirrado processo de ataque, uma investida de destruição do estado nos seus alicerces, tanto no que se refere a empresas estatais e instituições, a políticas públicas de inclusão social, como à legislação de proteção ao trabalho, à natureza, às populações originárias. As forças democráticas da

---

[12] Para compreender os significados das décadas de 2002 a 2016, remeto aos trabalhos do sociólogo político André Singer, que tem publicado sobre os sentidos e a crise do Lulismo.

atual oposição, representando os interesses dos mais vulneráveis, continuam a fazer sua resistência, e ainda há esperança de que não se demore a retornar ao caminho da democracia. Esta é a minha esperança, para que no convívio democrático possamos continuar a construir, continuar a desenvolver no país condições dignas de vida, continuar a evoluir no plano da educação, da ciência, da cultura, da justiça em todas as suas formas.

Referências

ALBORNOZ, Suzana. G. *Politica e vocação brasileira.* Porto Alegre: Fi, 2017.

BOBBIO, Norberto. *Direita e esquerda.* São Paulo: Unesp, 2001.

BOBBIO, Norberto. *A era dos direitos.* Rio de Janeiro: Campus, 1992.

DAVIS, Angela. Y. *A democracia da abolição.* Rio de Janeiro: Difel; Bertrand Brasil, 2009.

DAVIS, Angela. Y. *Mulher, raça e classe.* São Paulo: Boitempo, 2016.

GALEANO, Eduardo. *Las venas abiertas de América Latina.* Cidade do México: Siglo XXI, 2010.

HOBSBAWM, Eric. *Era dos extremos.* São Paulo: Companhia das Letras, 1997.

HOLANDA, Sérgio Buarque. *Raízes do Brasil* (1936). São Paulo: Companhia das Letras, 2010.

LEFORT, Claude. *Desafios da escrita política.* São Paulo: Discurso Editorial, 1999.

LEFORT, Claude. *Pensando o político.* São Paulo: Paz e Terra, 1991.

RIBEIRO, Renato Janine. *A sociedade contra o social.* São Paulo: Companhia das Letras, 2000.

RIBEIRO, Renato Janine. *A Democracia.* São Paulo: Publifolha, 2001.

SINGER, André. *Os sentidos do Lulismo.* São Paulo: Companhia das Letras, 2012.

SINGER, André. *O Lulismo em crise.* São Paulo: Companhia das Letras, 2018.

SOUZA, Jessé. *A elite do atraso.* São Paulo: Leya, 2017.

SOUZA, Jessé. *A radiografia do golpe.* São Paulo: Leya, 2016.

TODOROV, Tzvetan *Os inimigos íntimos da democracia.* São Paulo: Companhia das Letras, 2012.

TOURAINE, Alain. *O que é a democracia?* Petrópolis: Vozes, 1996.

Segunda Parte

EDUCAÇÃO E DILEMAS MORAIS: TEORIZANDO AS PRÁTICAS

PARA UMA PEDAGOGIA DO DEBATE DEMOCRÁTICO

Dinorá Fraga

O debate democrático é assumido, neste livro, como posição político--pedagógica. Tal proposta é trazida na necessária reflexão sobre o desafio de investigar como ocorre o conhecimento das ações educacionais em situações formais (escola) e não formais (demais atividades culturais com propósitos educacionais), como, por exemplo, o trabalho com comunidades, seja nas cidades, no campo ou mesmo nas cibercidades, ou nos ciberespaços. Nesses contextos, formais e não formais, a proposta é a de que os participantes, sejam os professores, os alunos ou as comunidades, se constituam investigadores de suas próprias crenças e conhecimentos, social e culturalmente adquiridos, expressos e propostos em situações de debate.

Uma das finalidades deste texto[1] se refere à necessária tomada de posição do ato pedagógico, entendido como poder que os participantes têm de fazer um saber coletivo, isto é, para si, com os demais interlocutores. Tal poder, antes, era exercido apenas pelo professor, assumido como detentor do saber. Esse poder/fazer/saber é, pelo debate, constituído como um ato investigativo, logo reflexivo, crítico. É, como afirmado, na dimensão filosófica que colocamos a dimensão epistemológica (natureza do conhecimento pedagógico, como construção de saberes coletivos). Entendemos como ato investigativo, no âmbito pedagógico, a criação de uma atmosfera de interação afetiva e sociocultural,

[1] Importante observar, quanto às datas das referências, que se trata de autores clássicos, cuja data de publicação não se refere a edições revistas e atualizadas, mas à importância da teoria dos autores, evidenciada, de preferência, nas primeiras edições. Ressalta-se, também, que, exceto pelas referências, este texto foi escrito com base na experiência da autora, como pesquisadora sobre desenvolvimento da linguagem de alunos, em contextos culturais das comunidades populares, chamadas, antes, de periferia urbana, que não responde mais a uma visão de mundo em que há múltiplos centros, em que tudo é centro. Essa experiência está registrada no livro *Para uma Politica Educacional da Alfabetização*, organizado pela autora do presente capítulo e publicado pela Editora Papirus/SP, em 1991.

organizada pela confiança, curiosidade, sensibilidade e pelo pensamento reflexivo, em contextos coletivos. Entendemos que, a partir daí, surgirão, no diálogo, a argumentação, a espontaneidade, a coragem para fazer ouvir sua fala e atos atentos de escuta, atos de criticidade, contendo acolhimento, na inevitável impossibilidade de certezas dos percursos do saber e do fazer, que é do outro e de si próprio. Ingênuo é o educador que pensa controlar, no aluno, o processo de construir significados, isto é, de construir sentidos! Se assim agir, cairá no behaviorismo maléfico, porque condicionante. Reiteramos, então, o ato filosófico-afetivo e crítico-investigativo como constituidor da natureza do ato pedagógico. Essa é a base de uma pedagogia do dialogo democrático. Na busca da construção de significados (não repetição de significados), o ato pedagógico se faz pelas linguagens verbais, não verbais e corporais, porque é nas expressões, como linguagens, que os significados se manifestam, para criação de conteúdos sobre si, sobre o outro, sobre a vida e, mesmo, sobre a morte. Esta dimensão está muito além de habilidades e competências. Não é o caso, neste momento, de nos determos na explicitação dos diferentes conceitos de tais termos, devido ao esgotamento das tradicionais definições, amplamente divulgadas em bibliografia específica. Cabe, isso sim, apontar nossa opção, que é da corrente sócio-histórica (Bronckart, 2006). Nessa corrente, se integra a antes referida indeterminação (a impossibilidade de controle da direção do conhecimento), porque as ações e, sempre, seus sentidos são socioculturalmente situados, o que significa uma abordagem contrária à opção behaviorista, ou cognitivista, na linha não desenvolvimentista. O aspecto socioculturalmente situado gerará perguntas não previstas, num ciclo interminável e indeterminado. Bachelard (1975) chama de catarse cognitiva as indagações que se realizam pela linguagem verbal e não verbal e que resultam de desafios que o ambiente provocou. A proposta, então, deste trabalho, parte de uma atitude ética e política de assumir a lógica do pensamento dos envolvidos no ato educacional, como ato comunicacional. Daí, resulta o protagonismo da sabedoria do homem e da mulher das camadas populares, levando a linguagem, mediação semiótica, como possibilidade de construção de luta pela melhoria de sua vida e da comunidade a que pertence. Pensamos, aqui, que este compromisso não resulta apenas na e da sociedade e da cultura humana, mas também da cultura da natureza. Por isso, este ato pedagógico proposto é, também, o de dimensão ecológica. As configurações urbanas e rurais, como as praças, os parques, as ruas, as avenidas, o trânsito, são textos, porque são expressões reveladoras, no espaço e no tempo, dos modos de significar o viver. Nosso método, chamado, pelo grupo que compõe o livro, de Debate Democrático, assume o sentir e o pensar dialéticos, ou, de outro modo, assume o pensar complexo, na natureza e na cultura, constituído pelo diálogo aberto, amplo e irrestrito, constitutivo do debate democrático. O tratamento das narrativas poderá melhor elucidar tais afirmativas. Daí, valorizarmos o pensamento e expressões dos participantes que ora afirmam, no diálogo, depois negam, se contradizendo em relação à afirmativa anterior, tomam consciência da contradição, voltam a afirmar, assim sucessivamente. Isso implica afirmar que o significado do real não é formado por conceitos fechados, nem por categorias, mas é gradual, é sistema aberto. O conhecimento vem por aproximações sucessivas, passo a passo. O pensamento dialético, por exemplo, não separa a pessoa daquilo que ela quer, pode ou deve conhecer. Antes, faz aparecer a consciência de quem está conhecendo, naquilo e enquanto vai conhecendo. O que é conhecido, os significados, torna possível fazer aparecer o sujeito do pensamento, do sentimento e da ação. Isso é a inteligibilidade e a sensibilidade do real. Assim, uma criança, ao falar uma palavra, em nível terminológico ou estrutural de uma língua, está revelando sua inteligibilidade do real a que está exposta, e não um conceito, ou uma regra. Poderá estar pedindo, ou negando. Trata-se de um conhecimento socialmente construído, ampliado pelo pensamento e expresso das variadas formas do pedir ou do negar, aprendido em seu contexto sociocultural.

Conversando com as crianças e com a comunidade sobre fotos, maquetes e passeio

Retomando a ideia da criação ou sensibilidade para o que é vivido, trazemos uma lembrança registrada nas experiências educacionais do grupo. Talvez, a partir da visão dinâmica, iremos nos aproximando da proposta metodológica que orientará este trabalho, que é o Debate Democrático. Vejamos, por exemplo, uma conversa com crianças de 10 anos.

Alunos, diante de uma maquete, com a professora, que deseja apenas produzir situação de pensamento para ela e para o aluno.

Professora se dirige a Julio (nome fictício): *O que é uma maquete, Julio?*

Julio: *Na maquete não se retrata o que está acontecendo. Não mostra as pessoas se mexendo, a gente mostra as pessoas com bonequinhos.*

Professora: *E as fotos mostram as pessoas?*

Julio: *Mostra, quando se está tirando as fotos.*

Professora: *E as pessoas das fotos são as mesmas da maquete?*

Julio: *Na maquete são só bonequinhos e na foto são as pessoas mesmo.*

Professora: *Há diferença entre foto e pessoas?*

Julio: *Sim, e muito grande. Na foto, a pessoa pode estar fingindo.*

Professora: *Como isso pode acontecer?*

Julio: *Faz uma pose.*

Assim sucessivamente.

Esse diálogo ilustra o que foi referido sobre uma visão dinâmica do conhecimento, base de nosso Método Democrático. Quando a criança faz uma afirmação segura, a professora reencaminha outra pergunta para que a criança, no caso, continue pensando e se expressando, de algum modo, pondo em xeque a afirmação anterior. A resposta da criança orienta a pergunta seguinte da professora, já que ela não tinha essa pergunta pré-dada. Surgiu, isso sim, a partir da resposta anterior do estudante.

Segue outro episódio vivenciado, ilustrativo do que está sendo proposto, vivenciado, no desafio de criar situações sensíveis para o pensamento do grupo:

Caminhávamos pelas ruas do pequeno e pobre bairro, observando e conversando sobre o que víamos. As crianças mostravam suas casas e contavam histórias das pessoas que conheciam. Algumas crianças caminhavam bem à frente. Nessa situação, viram uma planta com flores. Elas saem correndo, entram no pátio e arrancam as flores, que, num instante, são distribuídas entre as professoras. Surge, então, na esquina, a dona da casa: *Vocês não têm vergonha! E essas professoras não ensinam essas crianças?* As crianças saem correndo, fugindo. A professora espera que a dona da casa se aproxime e diz para a senhora: *Desculpe, não tive tempo para nada! As crianças foram muito rápidas*! A senhora continuava: *Vocês não dão educação para essas crianças!*

A professora, então, lhe diz: *A senhora sabe, é fácil educar como a senhora está dizendo. Basta exigir e dar castigo. Exigir silêncio e obediência.*

Mas nós não queremos isso. Este passeio é para que se eduquem na liberdade, aprendendo a escolher, caminhando livremente pelas ruas e conversando sobre o bairro em que vivem.

A dona da casa parecia não ter escutado. Entrou em casa, sem nada dizer. Na volta da caminhada, a senhora chama a professora: *Professora, a senhora desculpa. Eu não queria falar "assim" com a senhora. A senhora gosta de rosas? Vou lhe dar essas rosas que são de minha roseira. Todo dia, levo flores para a igreja, mas hoje vou dar para a senhora.*

Abraçaram-se.

Esta senhora, em sua revolta, mostrou alguns dos valores daquelas pessoas: preservação da natureza, a educação como um valor sagrado, que, respeitada, produz para o sagrado: levar flores para a igreja. Isso é inteligibilidade e sensibilidade do real!

Pensando a metodologia com filósofos

Sigamos com os filósofos para melhor compreensão do debate democrático. Conversando com Hermógenes, o que fazia Sócrates (na fala de Platão)? Em *Crátilo* (1963), conversou sobre a natureza dos nomes. No início, anunciava sobre o que iriam conversar. Perguntou o personagem Sócrates: "O nome que damos aos objetos será próprio de cada um desses objetos?" A seguir, Platão silenciava, provocando no interlocutor, a necessidade de falar sobre o assunto. Ouvindo o interlocutor, Platão, através do personagem Sócrates, identificava ideias com as quais ele poderia contra-argumentar, provocando o interlocutor para que este se contradissesse, ou confirmasse sua resposta. O procedimento era de repetir a fala da pessoa (no caso Hermógenes), recolocando-a sob forma de pergunta: "O nome que damos aos objetos será próprio de cada um deles?" A sucessão de perguntas feitas, sempre a partir da resposta recolocada, permite que o assunto vá se aprofundando. No caso, vejamos como fez Sócrates:

O nome que damos aos objetos será próprio de cada um deles?

Desdobramentos:

Quer seja posto por uma cidade, ou por uma pessoa?

A seguir pede mais explicações:

Como? Em que pensaste quando disseste isso?

Repete a resposta e pergunta:

É isso que quiseste dizer?

Enuncia nova questão de desdobramento:

Achas que existe o falar falso e o falar verdadeiro?

Voltamos, metodologicamente, a uma aproximação possível ao diálogo sobre maquete e fotografia.

As questões de desdobramento, momento constitutivo do debate democrático, são sempre para fazer pensar todos os envolvidos nas ações culturais, os alunos, com propósitos educacionais, sempre na problematização de afirmativas anteriores, ou individual, ou no grupo. No caso dos dilemas morais, constituídos nas narrativas, referem-se às afirmativas que justificam a escolha das rotas. No diálogo utilizado como exemplo, o personagem Sócrates (na fala de Platão) fornece condições para objetivar o pensamento do interlocutor, reorganizando-o na fala, e, com uma nova pergunta, desafia-o a continuar pensando, provocando, inclusive, contradições.

Na presente situação educacional, as sucessivas perguntas, colocadas a partir de uma resposta anterior, não planejada pelo educador, auxiliam o aluno e o professor(a) a tomar consciência para reorganizar o conhecimento. Inicialmente, para responder à pergunta inicial, o estudante apenas responde, exteriorizando, pela resposta, suas crenças, convicções, conceitos. Nesse momento, parece haver um equilíbrio, que é quebrado pela segunda questão do professor, e assim sucessivamente. No início, o aluno afirma, mostrando convicção. Nesse momento, aparece a fala segura, mas prolixa, depois silêncio, para reorganização do pensamento, e assim sucessivamente.

E segue a Pedagogia do Debate Democrático em narrativas

Para a metodologia proposta, sob a forma de dilemas, em uma possibilidade de trabalho com o Método Democrático, a função do educador é a de, interagindo com os estudantes, ser um provocador de catarse intelectual, ou catarse cognitiva, ou conflito epistemológico, conforme Bachelard (1980). A cada resposta do estudante, o professor cria ambiente, na inter-relação, para que ele fale, livre e entusiasticamente, diferente da versão espontaneísta do antigo "deixar falar" livremente, qualquer coisa. Ouvi-lo e pensar com ele, atentamente, é fundamental para que, seguindo o curso de sua fala, a próxima pergunta esteja de acordo com o curso de seu pensamento.

Pensemos a narrativa de Kauê (ver no capítulo sobre narrativas), detendo-nos na leitura, até o primeiro dilema colocado para o estudante:

Conversando com o estudante após leitura da história de Kauê:

Será que o avô tem razão, quando deseja conservar as tradições do povo indígena?

O que deve ser importante considerar, para orientação na conversa com o aluno, qualquer que seja a resposta, é:

– Kauê tem 18 anos (logo, é jovem).

– Sua tribo é da Amazônia.

– Está incluído, por direito adquirido, em bolsas para estudar.

– O governo tem política de inclusão (pelo menos tinha, até 2017).

Informações sobre seu avô (presentes na narrativa):

– Pensa que, se o neto se integrar à política do governo, estará corrompendo a visão de mundo indígena.

– O novo quer destruir o antigo.

– O povo indígena sobreviveu porque os deuses o protegeram.

– É líder e protege as tradições de seu povo.

Essas considerações sobre o estudante e o avô são trazidas para auxiliar o debate democrático com o estudante e provocar o aprofundamento de seus argumentos a cada resposta sobre a razão da escolha de uma rota e não de outra.

Inicialmente, o professor repete a resposta do estudante:

Disseste que Kauê deve aproveitar a bolsa e ir para a cidade conhecer outra cultura, a do homem branco. Mas, se, indo para a cidade, Kauê esquecer as tradições de seu povo, o que pode acontecer?

Assim sucessivamente.

Dessa forma, o educador irá investigando as justificativas dos argumentos de seu interlocutor, ocasionando um possível processo de desequilibração de pensamento e, mesmo, do campo emocional, mas, sempre, ocasionando a volta ao equilíbrio, à estabilidade. Isso porque, ao pensar mais profundamente, no diálogo com o professor, o estudante poderá recorrer a suas vivências. Através desse diálogo, individual, ou em grupo, suas crenças, convicções, conceitos irão sendo conhecidos, desafiando-o para avançar. Toda resposta não problematizada é insuficiente. Toda resposta é probabilística e revela, em um estado dinâmico, uma tendência para existir em outras possibilidades de pensamento, de falas, de outras formas de expressão, como, nos meios eletrônicos, a utilização de programas para fotos, vídeos, jogos, vídeo-game, o uso das redes sociais, em que se prioriza, nesse trabalho, a criação pelos próprios alunos, de grupos de discussão. Quando o educador repete para o aluno a afirmativa feita pelo próprio aluno, ao ouvi-la, este toma conhecimento de seu próprio pensamento, pela palavra de outra pessoa, e poderá confirmá-lo, aprofundando seus argumentos, ou modificá-lo, através das contra-argumentações propostas pelo professor.

Pensando o método democrático na narrativa *A Grande Peça*

– Vocês não entendem! Isso não é uma boa ideia! Vocês estão deixando o que são por quê? Uma ilusão de conhecimento e fama?

Dizia Mary, a garota exasperada pela oferta que os três recebiam. Estavam naquele grande palco. A máscara amarela e as duas máscaras femininas estavam ao palco. Nas sombras daquela plateia anormal, com sorrisos tortos e deformados, a ponto de que não pareciam humanos, estava aquele ser. Seus braços alongados e corpo esquisito parecia se mover como um polvo, como que flutuando no ar, seu pescoço, parecendo uma cauda preênsil, revelava a cabeça careca, com um sorriso sem olhos, apenas os dentes pontiagudos, como de um predador, naquele sorriso enlouquecido. A criatura admirava enquanto os três discutiam.

O garoto asiático foi o primeiro a responder, olhando para a garota.

– É um conhecimento muito além daqueles que sabemos. É conhecimento! Vale um pequeno sacrifício para ir atrás de todo o conhecimento que o universo oferece, não é?

– Mas, Lee, você não poderá aplicar esse conhecimento!

– Não sabemos qual é esse conhecimento? Como sabe se não podemos aplicar?

Mary mordeu o lábio inferior, enquanto isso Bob, um homem negro, que sangrava por um dos seus olhos e, o outro, em lágrimas, caminhava em direção à máscara amarela. Ela tentou segurar Bob, que falou simples:

– Foi minha culpa a morte do meu irmão. Se eu tivesse mais condições de salvá-lo. Se eu fosse famoso, se eu tivesse dinheiro, com isso, eu posso salvar toda minha família. Com isso, aqueles que eu amo não precisarão mais sofrer nesse mundo!

– Mas se você abrir mão de quem você é, você não vai ter muito de si mesmo para se importar com eles ainda! Quem garante que ainda vai sentir o mesmo? Com certeza não aquela criatura! Por favor, Bob... Por favor!

Mas não parecia que o implorar de Mary dissuadisse os dois homens. Primeiro Bob e depois Lee, ambos pegaram a máscara. A criatura abriu ainda mais o sorriso monstruoso como se sua Magnum Opus estivesse ao ponto de chegar ao seu ápice. E como um tornado de fitas amarelas cobrindo Bob e uma sombra cobrindo Lee, a terceira máscara se movimentou sozinha e como uma aranha com suas patas sendo fitas estranhas que saíam para prender ao rosto de alguém. Ela se jogou na direção do rosto de Mary. Enquanto todos estavam entorpecidos pelo que se sucedia, a criatura virou o rosto para uma outra direção e disse, como se encarasse diretamente para fora das páginas dessa história:

– Qual caminho você quer seguir, pequeno humano? O do Conhecimento? O da Fama? Ou o da Humanidade?

Vamos trazer a pergunta da criatura para fora da história e conversar sobre o desafio que ela fez. Diz o professor, dirigindo-se aos alunos:

– E vocês, qual caminho desejam seguir? O do conhecimento, da fama, ou da humanidade?

Inicialmente, propomos criar um ambiente lúdico, onde os alunos se transformarão nos personagens, apresentando, quem sabe, para a turma, o texto como teatro. Os que não se incluírem como personagens serão plateia. Depois, em roda, ou em qualquer outra disposição física, o educador começa a conversar.

O que será importante considerar:

Observar, nessa pequena narrativa, as rotas como opções de valores explícitos: humanidade, fama ou conhecimento. Sigamos a proposta do debate democrático proposto:

Alguma vez, vocês já viveram uma situação em que tiveram de fazer uma escolha?

Neste momento, a palavra fica livre. Todos que quiserem falarão (o aluno expressa ao grupo seu desejo de participar – opcional).

Na narrativa lida, as escolhas eram por humanidade, fama e conhecimento. A que trouxemos (ou trouxeram) para o grupo? Eram essas? Foram outras?

E assim sucessivamente, o professor continua o diálogo.

Existe, aqui, proposta neste capítulo, uma metodologia do Debate Democrático, assim resumida:

– Apresenta um texto, ou uma situação, envolvendo um ou mais dilemas.

– Abre a conversa para solução do(s) dilema(s) apresentado(s).

– A cada solução proposta, o professor problematiza a resposta, com base em conhecimentos socioculturais que possui (como o caso do dilema do índio estudar, ou não, em escola e a visão de mundo do índio, do seu avô).

– O processo se constitui em uma conversa, e não na proposta de que a resposta do professor é a correta.

– O professor pode solicitar que tragam exemplos, vivenciados em situações de vida particular ou apresentados pela mídia, por exemplo.

Assim, o debate não tem fim, mas tem um resumo das opções dadas, durante a conversa. Essa síntese pode ser realizada pelo professor ou por um dos alunos.

Outra possibilidade metodológica de vivência de um debate democrático é o ambiente digital

Primeira Etapa

1 Constituindo-se como grupo e conhecendo a proposta (semana)

Após a apresentação da proposta para a comunidade da instituição, haverá a divulgação da atividade através de folder, com prazo de 15 dias para inscrição espontânea, através do e-mail do setor responsável. Uma vez assinados os termos de consentimento, o grupo terá a primeira atividade, que consistirá em uma apresentação pelos responsáveis para explicitação da atividade.

2. Realizando o jogo: vivendo dilemas interpessoais

O dilema de Roger Barcellos (ver nos capítulos das narrativas neste livro).

2.1

Após a leitura pelos alunos, individualmente ou em pequenos grupos, o professor, ou a equipe de coordenação pedagógica da escola, organizará um grupo em ambiente virtual (grupos no Facebook, no WhatsApp ou em outro recurso), apresentando perguntas como: quais rotas escolheram? O que os levou a essa escolha? Nesse tipo de atividade, a tomada de consciência das razões que levaram à escolha é fundamental para que haja tomada de consciência das razões que orientaram as escolhas.

Segunda Etapa

As etapas decorrentes deste segundo jogo serão as mesmas realizadas nos jogos anteriores ("Kauê" e "A Grande Peça"), outras narrativas trazidas pelo professor, que envolvam discussão de dilemas morais, ou socioculturais, ou construídas pelos alunos, envolvendo outros dilemas, em outros contextos.

Trabalhando com os dados

Durante os jogos em ambientes digitais, como grupos em Facebook, considerando que as ações dos participantes ficam gravadas, as equipes de professores e, se houver, de psicólogos, ou orientadores educacionais, poderão se voltar para a interpretação centrada na identificação de valores que orientaram as tomadas de decisão e as razões que determinaram as decisões tomadas.

Enquanto a equipe procede a essa atividade, será proposto aos jogadores que acessem documentários, filmes e *games* com temas relacionados aos jogos realizados.

Em qualquer contexto de desenvolvimento do jogo, o professor, ou a equipe de coordenação pedagógica da escola, organiza um fórum, apresentando perguntas como: quais rotas escolheram? O que os levou a essa escolha? Nesse tipo de atividade, a tomada de consciência das razões que levaram à escolha é fundamental para que haja o acesso aos valores que orientaram as escolhas, como já explicitado.

Poderá ser proposta a criação de situações, em narrativas, envolvendo dilemas morais, tais como honestidade, inveja, ciúme, competição, roubo e outros valores, que os alunos deverão construir em forma de história.

Referências

BACHELARD, Gaston. *Le Materialisme Rationel.* Paris: Presse Universitaire de France, 1980.

BRONCKARD, Jean-Paul; MACHADO, Anna Raquel; MATENCIO, Mariade Lourdes. *Atividade de Linguagem, Discurso e Desenvolvimento Humano.* Campinas: Mercado de Letras, 2006.

PLATÃO. *Crátilo.* Lisboa: Sá da Costa, 1963.

HISTÓRIAS QUE SE MULTIPLICAM...

Rafael Hofmeister de Aguiar

Este breve ensaio aborda a narrativa multirramificada em duas perspectivas. Enquanto a primeira se volta para questões teóricas, a segunda se volta para a análise prática de um texto construído na proposta da multirramificação, procurando refletir como essa proposta faz com que o leitor também se torne coautor do texto, segundo uma compreensão do fazer poético como lúdico.

A narrativa multirramificada

A narrativa multirramificada se caracteriza pela não linearidade ou, como poderíamos dizer, por uma multilinearidade. Ela é rizomática, ou seja, compara-se a um rizoma[1] que, através de uma haste, vai se ramificando indefinidamente e forma uma rede, em que, se for mexido em qualquer um de seus pontos, todos os pontos serão afetados. A não linearidade se dá por meio de um sistema complexo que fomenta a multirramificação. Esse sistema se faz na constante tensão entre ordem e desordem. A ordem se dá pela manutenção da sequência narrativa, o que sustenta uma linearidade. A desordem constitui-se na quebra dessa sequência narrativa, causando a não linearidade. Porém, essa não linearidade não está em oposição à linearidade, ou seja, o sistema se constitui numa complexidade em que convivem a ordem e a desordem. É dessa complexidade que resulta a multirramificação da narrativa, que pode ser esquematizada no diagrama a seguir.

---

[1] O conceito de rizoma, aqui utilizado, encontra-se expresso na obra *Mil platôs: capitalismo e esquizofrenia*, de Deleuze e Guattari.

Figura 1 – Diagrama da multirramificação narrativa

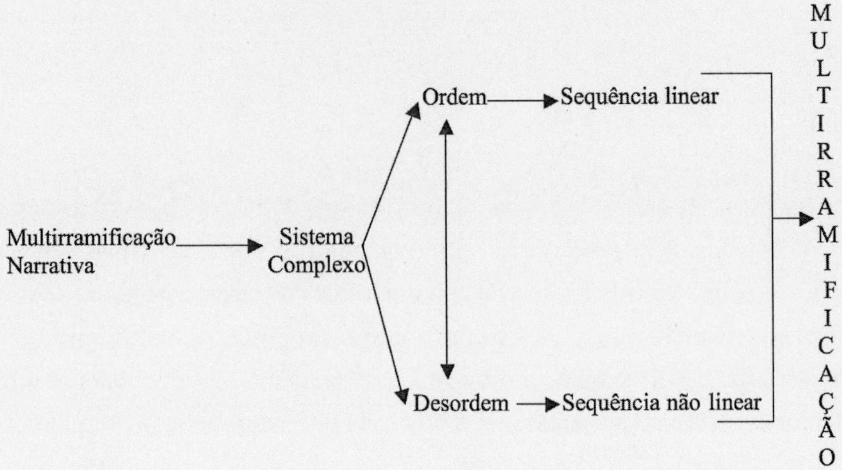

Fonte: o autor.

A narrativa clássica estrutura-se em um movimento linear equilíbrio ⇒ desequilíbrio ⇒ equilíbrio. Por isso, ela pode ser dividida em macrossequências, como propôs Larivaille. Estas dão conta, justamente, da linearidade da passagem do equilíbrio para o desequilíbrio, bem como da amplificação deste para, enfim, resultar em um novo equilíbrio, funcionalizando uma concepção entrópica de mundo. Dos vários modelos estruturais que procuram descrever essa estruturação narrativa, sintetizo no quadro a seguir o esquema quinário.

Figura 2 – Esquema quinário

Situação inicial	Momento(s) inicial(is) de equilíbrio na narrativa
Conflito	Momento(s) que quebra(m) com a situação inicial de equilíbrio
Desenvolvimento	Ampliação do conflito
Climax	Momento decisivo da narrativa
Situação final	Momento de restauração do equilíbrio (inicial ou novo).

Fonte: o autor.

Esse modelo procura *encaixar* uma série de narrativas, deixando, como todo modelo estrutural, de abarcar uma série de transgressões, próprias do universo artístico e humano. Entretanto, ele serve para delimitar o elemento linear da narrativa multirramificada. Para elucidar isso, tomo, como um primeiro exemplo, o conto "Desenredo"[2], de Guimarães Rosa. Tal narrativa se caracteriza por, após uma sequência tradicional dentro do esquema quinário, apresentar a introdução de um novo conflito marcado pela conjunção adversativa *mas*. Ademais, *resolvido* o novo desequilíbrio, há a introdução de outra perturbação, dessa vez anunciada pelo vocábulo *mais*. Tanto o *mas* quanto o *mais* situam o elemento desordenador da linearidade narrativa, originando novos caminhos no bosque, para usar a imagem de Umberto Eco (1994), da multirramificação, evidenciando esse tipo de narrativa como um sistema complexo, configurado de acordo com o diagrama anteriormente exposto (Figura 1). Em outras palavras, há elementos ordenadores (estruturação da narrativa na perspectiva das macrossequências) que se funcionalizam, recursivamente, em conjunto com elementos desordenadores (introdução de novos conflitos).

Outra questão que considero importante abordar aqui é como a narrativa multirramificada relativiza, no nível das microssequências, as funções distribucionais descritas por Barthes (2011). O semiólogo francês distingue dois tipos dessas funções: as cardinais (núcleos) e as catálises. As primeiras se caracterizam por engendrar uma relação de causalidade, para utilizar o exemplo de Barthes (2011, p. 34), a função "o telefone tocou" tem como consequência "Bond atendeu", ou seja, influem nuclearmente na sequencialidade narrativa. As segundas, por sua vez, preenchem os espaços entre duas funções cardinais, como em "Bond se dirigiu à sua mesa (1), levantou um receptor (2), posou seu cigarro (3)" (Barthes, 2011, p. 34), possuindo essas três ações uma "funcionalidade puramente cronológica". O que acontece em algumas modalidades de narrativas multirramificadas que contam com o papel ativo do leitor é que uma catálise pode se transformar em função cardinal. Contudo, essas reflexões ficarão para outro ensaio, dada a brevidade que proponho

---

2 O conto está disponível em diversos sítios na web, entre eles em https://edisciplinas.usp.br/pluginfile.php/4130367/mod_resource/content/1/Rosa%20-%20Desenredo.pdf.

a este trabalho, nesse sentido, entretanto, pondero como nevrálgico realizar uma análise de uma narrativa que se constrói na multirramificação na sua macroestrutura.

Histórias que se multiplicam e o leitor como coautor da narrativa

Nesta segunda parte, volto-me para a abordagem concreta de uma narrativa multirramificada. Ela foi produzida no contexto da pesquisa "Sequências didáticas com valores através de dilemas em narrativas multirramificadas", desenvolvida no Programa de Pós-Graduação em Letras do Centro Universitário Ritter dos Reis (Porto Alegre-RS) e coordenada pela professora Dra. Dinorá Fraga. A narrativa em questão leva, no título, o nome de seu personagem principal: *Kauê*.

A narrativa *Kauê* apresenta, de início, uma dupla narração: a de um narrador externo que apresenta a personagem principal Kauê e a do próprio protagonista que *escreve* a sua história. Nisso, há uma aparente ramificação da narrativa, todavia, através de um recurso recorrente na história da literatura, inclusive, sendo o artifício utilizado por Goethe (2019) em *Os sofrimentos do jovem Werther*[3], publicado originalmente em 1776. Contudo, não é pelo frequente uso desse procedimento narrativo que se promove a ramificação; as duas narrativas, na verdade, se constituem como dois níveis diferentes que sequencializam uma mesma história, que, como no caso da obra iniciadora do Romantismo, pode se apresentar numa linearidade, ocorrendo somente a mudança de enunciador/voz narrativa.

A multirramificação de *Kauê* dá-se por meio de outro recurso: a construção de caminhos diferentes pelos quais o leitor pode ou não seguir na história. O diagrama a seguir apresenta o caminho percorrido no início da narrativa até o surgimento do elemento desordenador.

---

[3] Disponível em: http://www2.uefs.br/filosofia-bv/pdfs/goethe_03.pdf.

Figura 3 – Diagrama do primeiro bloco narrativo de *Kauê*

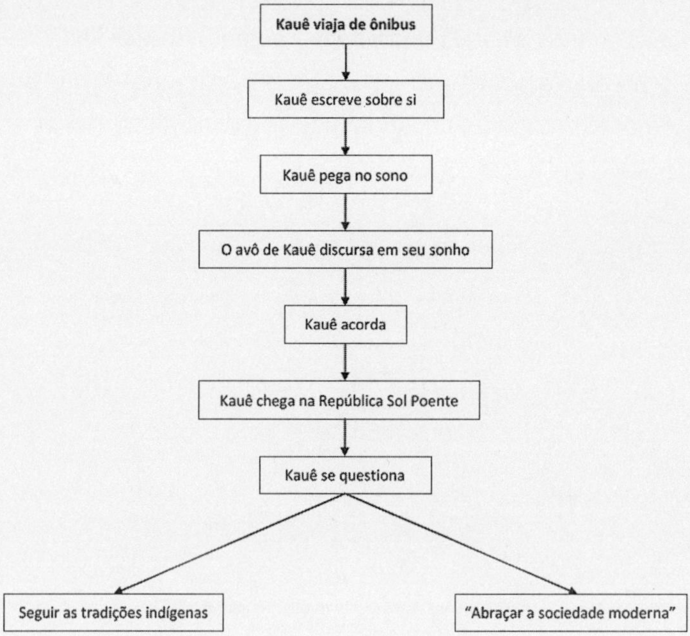

Fonte: o autor.

Nesse primeiro bloco narrativo, em primeiro lugar, fica latente o elemento ordenador subjacente às macrossequências diegéticas. Há uma sequencialização tradicional narratológica: uma situação inicial (*Kauê viaja de ônibus e escreve sobre si*) é substituída por um conflito (*Kauê sonha com o avô que o instiga a lutar pela preservação da sua cultura*), amplificado no desenvolvimento (*Kauê acorda e chega na República do Sol Poente*), o que desencadeia o clímax, momento de risco e decisivo na história. Todavia, em tal ponto, advém o elemento desordenador próprio das narrativas multirramificadas, ou seja, não há um clímax, mas dois – *seguir as tradições indígenas* ou, nas palavras do texto, *abraçar a sociedade moderna*[4]. Cabe ao

[4] Não posso deixar de registrar o quanto é infeliz e etnocêntrica a expressão utilizada pelo autor, proporcionando a perspectiva de primitivismo das culturas indígenas. Todavia, ao invés de o julgar, considero que tal enunciado é fruto de uma cosmovisão arraigada à sociedade colonizadora e que o escrevente a reproduz sem se dar conta da ideologia que o permeia.

leitor escolher o ramo pelo qual seguirá na árvore da narrativa. Independentemente do caminho que seguir, ele desembocará numa narrativa outra que se estruturará no movimento recursivo da ordem ⇔ desordem.

Para ilustrar a construção teórica e analítica proposta, limito-me a apresentar o percurso diegético advindo de um dos clímax do primeiro bloco narrativo no diagrama que segue.

Figura 4 – Diagrama do segundo bloco narrativo de *Kauê*

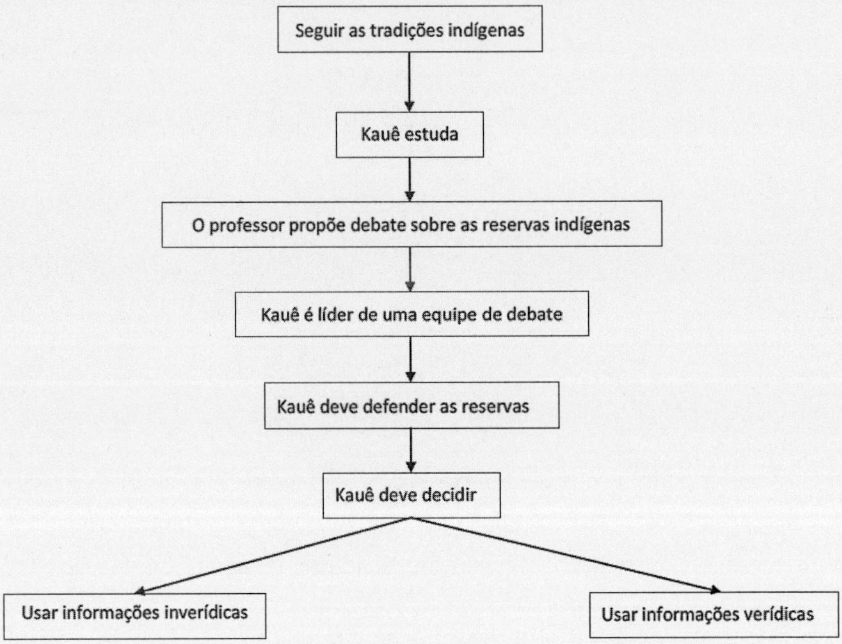

Fonte: o autor.

O elemento desordenador é recorrente, construindo uma nova ordem e racionalidade da narrativa; ao mesmo tempo que rompe com a previsibilidade da narrativa tradicional, consubstancia uma nova previsibilidade, esta, porém, constituída de múltiplos caminhos: caminhos opcionais à disposição e escolha do leitor. Nesse sentido, o leitor passa a ser coautor do texto: a sua decisão por qual percurso tomar institui uma narrativa dentro das possibilidades apresentadas, proporcionando que leitores diferentes possam, diante do mesmo material textual, ler textos diferentes.

Tomo a ideia do leitor como coautor na perspectiva de Paul Zumthor acerca das poéticas orais. O erudito suíço, que não só revolucionou os estudos sobre a literatura medieval como também proporcionou novas compreensões para a Antropologia Cultural, no conjunto de sua obra, dá a entender que a voz humana é vocalidade, ou seja, mais do que o sopro do ar e suas reverberações no aparelho fonador, a voz é corpo e estesia. Dessa forma, a emissão do produto artístico pela voz está submetida ao encontro de ressonâncias do corpo do eu que enuncia e do tu que escuta e reage por diversas possibilidades semióticas.

Por que Zumthor é importante para se pensar as narrativas multirramificadas construídas sob a égide da letra e não da voz? Em primeiro lugar, eu afirmaria que, segundo *Performance, recepção, leitura* (2000), a escrita já é uma forma de performance. Todavia, a questão pode ser vista para além da dicotomia letra-voz. Em tal compreensão, entendo a enunciação do narrador das narrativas multirramificadas em uma consonância com o fazer dos poetas repentistas e os contadores orais de histórias. Para considerar a prática dos repentistas, esses artífices do verso orgulham-se de impostar os seus versos de improviso, geralmente seguindo um pedido do público. Por isso, o seu poema é construído na íntima relação com o ouvinte, fazendo com que um olhar de desaprovação, por exemplo, determine um novo rumo a ser seguido na elaboração dos versos (não seria um modo de multirramificação?). Assim, o público ouvinte passa a ter um papel ativo na elaboração do texto poético, constituindo-se, segundo a concepção zumthoriana, coautor do poema. Da mesma forma, o leitor da narrativa multirramificada também assume a coautoria, e o autor, mesmo que assuma outras vozes na enunciação, erige-se como *performancer* que procura prever as reações do enunciatário, oportunizando caminhos pelos quais ele poderá seguir no bosque diegético. Aparentemente, o locutor de obras do gênero multirramificadas e o poeta repentista caracterizam-se como distintas categorias de *performancers*. Contudo, há de se considerar que o cantador por profissão conhece o seu público, perscrutando o seu horizonte de expectativa, e, apesar de nenhum cantador admitir, embora seja comum acusar um colega de ofício da prática, valendo-se de *balaios* – versos prontos a serem inseridos na sua performance. Marca essa prática uma tentativa de prever a reação do auditório que se aproxima daquela que acontece na narrativa multirramificada.

Ainda, a proximidade do gênero literário contemporâneo abordado neste ensaio com a performance parece mais evidente se se considerarem as narrativas orais e o contexto de oralidade e/ou oralização que se manifestou fortemente no Ocidente até, pelo menos, o século XVIII (Frenk, 2005). Desde Milman Parry (1971[5]), sabe-se que epopeias que hoje temos como referência canônica na literatura foram produtos da oralidade. Em tal perspectiva, quantas vezes os *aedos* tiveram que modificar as histórias que cantavam para satisfazer ao público até que o papel registrasse uma versão definitiva, mas não final, dessas histórias. Assim permaneceram as narrativas até o advento da Ilustração e de seu rebento literário: o Romantismo. Unificador e entrópico, esse movimento pretendeu registrar a versão autêntica dos contos populares, haja vista a recolha de Jacob Grimm. O que corria o mundo pela voz e se modificava de acordo com a audiência foi encarcerado em um projeto de nação. Nesse ponto, o que era movência, outro conceito de Zumthor (2010), passa a ser não só estável, mas engessado. Não se nega a existência de uma previsibilidade, mas ela se manifesta como as funções de Propp (2001), ou seja, como possibilidades. O horizonte de expectativas do interlocutor (seja ele leitor ou ouvinte), portanto, orienta o narrador a predefinir escolhas e cambiá-las durante a narração, mas sempre de um *indefinido possível*. Em tal perspectiva, o narrador oral e o das narrativas multirramificadas escritas constituem *performancers* de histórias em movência.

Ademais, está consubstanciada na enunciação, seja de poetas-repentistas, narradores orais ou narradores de histórias multirramificadas, a natureza lúdica do ser humano. Aliás, como apregoou Huizinga (2000), o homem, antes de ser *homo sapiens sapiens*, é *homo ludens*. Constatação que advém de um historiador das mentalidades afeito a análises minuciosas da sensibilidade da vivência da Idade Média Tardia, registradas em quase mil páginas de *O outono da Idade Média* (2010). Cantar e contar ao redor da fogueira, tal como o narrado de Walter Benjamin (1985), ou compor uma narrativa multirramificada pressupõe um envolvimento estésico, mesmo que virtual ou virtualizado, entre enunciador e enunciatário em um jogo em que o ato de comunicação

---

5 A referência é de 1971, mas o trabalho de Parry se situa no início dos anos 1930, culminando com o seu livro em 1934.

ocorre na constante troca entre os dois, superando a concepção de Jakobson (2008) de um emissor ativo e um receptor passivo. Por isso, de certa maneira, a narrativa multirramificada restaura o jogo performático inerente à literatura oral e tradicional, que, desde os seus princípios em tempos imemoráveis, é construída em uma complexidade multilinear, em que elementos ordenadores convivem com elementos desordenadores, instaurando um movimento de autoria, não só no narrar como também no ouvir/ler.

Referências

BARTHES, Roland. Introdução à análise estrutural da narrativa. In: BARTHES, Roland *et al*. *Análise estrutural da narrativa*. 7. ed. Petrópolis: Vozes, 2011.

BENJAMIN, Walter. *Obras escolhidas I*: magia e técnica, arte e política: ensaios sobre literatura e história da cultura. São Paulo: Brasiliense, 1985.

DELEUZE, Gilles; GUATTARI, Félix. *Mil platôs*: capitalismo e esquizofrenia 2. 2. ed. São Paulo: Ed. 34, 2011.

ECO, Umberto. *Seis passeios pelos bosques da ficção*. São Paulo: Companhia das Letras, 1994.

FRENK, Marguit. *Entre la voz y el silencio:* lectura en tiempo de Cervantes. México: Fondo Enconómico de Cultura, 2005.

GOETHE, Johann Wolfgang. *Os sofrimentos do jovem Werther*. Disponível em: http://www2.uefs.br/filosofia-bv/pdfs/goethe_03.pdf. Acesso em: set. 2019.

HUIZINGA, Johan. *Homo ludens*. 4. ed. São Paulo: Perspectiva, 2000. Disponível em: http://www.andreaserpauff.com.br/arquivos/disciplinas/brinquedosebrincadeiras/10.pdf

HUIZINGA, Johan. *O outono da Idade Média*. São Paulo: Cosac Naify, 2010.

JAKOBSON, Roman. *Linguística e Comunicação*. 21. ed. São Paulo: Cultrix, 2008.

PARRY, Milman. *Making of Homeric Verse*. Oxford: Oxford University Press, 1971.

ROSA, João Guimarães. *Tutameia (Terceiras estórias)*. 9. ed. Rio de Janeiro: Nova Fronteira, 2009.

PROPP, Vladimir. *Morfologia do conto maravilhoso*. Editora CopyMarket.com, 2001. Disponível em: https://monoskop.org/images/3/3d/Propp_Vladimir_Morfologia_do_conto_maravilhoso.pdf

ZUMTHOR, Paul. *Performance, recepção, leitura*. São Paulo: EDUCS, 2000.

ZUMTHOR, Paul. *Introdução a poesia oral*. São Paulo: Hucitec, 2010.

OS DILEMAS MORAIS, A CRIATIVIDADE E O JOGO

Noeli Reck Maggi

O objetivo deste texto é abordar o tema da moralidade entendendo-a como forma de expressão humana com o uso da criatividade, a partir das interações que o sujeito estabelece junto aos pares, no contexto histórico-cultural. A constituição da moralidade se estabelece nas primeiras aprendizagens, que, mais tarde, fazem parte do comportamento do sujeito, enquanto a criatividade está presente tanto nas primeiras manifestações na infância quanto em etapas posteriores da vida do sujeito. A reflexão busca no referencial teórico das teorias sociointeracionistas e da psicanálise apoio conceitual para compreender as implicações do desenvolvimento moral e do pensamento criativo nas produções e interpretações do sujeito.

A aprendizagem envolve a função inteligente e desejante no decorrer de toda a vida e é na fase adulta que esses mecanismos podem ser experimentados com maturidade e consentimento. Esses sentimentos exigem do ser humano uma constante reflexão, de modo que, ao invés de projetar no outro o que não foi realizado, ele possa transformar essas *faltas* em alternativas para projetos de ação e também possa traduzir os conflitos que sustentam suas dificuldades. Nessa perspectiva, considera-se a necessária interdependência entre os conceitos de ética e de moral, presentes em cada ação humana.

Defende-se uma educação para a ética e moral por meio de práticas educativas comprometidas com a promoção de interação com vistas à justiça social, e, consequentemente, à construção de novos sentidos para a vida escolar. Nessa perspectiva, relacionamos a ética ao desenvolvimento da autonomia moral e intelectual na perspectiva de Jean Piaget (1980). Autonomia moral relaciona-se com a capacidade de o sujeito tomar decisões de acordo com leis que verdadeiramente lhe tenham sentido, que lhe são *próprias*. A existência de leis está diretamente relacionada à construção da justiça social e à construção de sentimento de obrigação, de dever. Nesse sentido, a autonomia moral para a resolução de dilemas implica a capacidade de a pessoa seguir voluntariamente leis ou regras que acredita serem justas para regular o bem viver com as pessoas que fazem parte do grupo social a que pertence. A autonomia moral está relacionada com a capacidade de se decidir o que é bom, considerando o que é melhor para si e para os outros que estão envolvidos no processo de decisão.

Na medida em que o ser humano desenvolve o pensamento lógico operatório, amplia sua capacidade de descentrar, de se colocar no ponto de vista do outro, de compreender e de coordenar, pela reciprocidade, diferentes pontos de vista. Assim, se o sujeito é educado em ambientes que promovem situações de interação com o grupo de iguais, participando de experiências desafiadoras compartilhadas, ele tem a oportunidade de construir outro nível de sentimento interindividual, o qual é denominado *respeito mútuo*. Enquanto é ainda criança, o sujeito brinca; a voz e o olhar do adulto, a ambientação do espaço físico, as rotinas do cotidiano, entre outros, regulam o seu desejo no diálogo com a cultura.

Nesse sentido, o futuro da criança, enquanto sujeito capaz de criar, simbolizar, produzir, dependerá dos cuidados que irá receber, de sua acolhida enquanto sujeito capaz de aprender brincando, o que implica o olhar atento e interessado do adulto sobre a sua atividade. Dependerá, portanto, da qualidade dos vínculos que irá estabelecer com os outros – seus cuidadores – e das possibilidades de manifestar, com segurança e liberdade, suas formas de brincar e de se expressar. Assim, o adulto e o meio educativo têm um papel importante, oportunizando e organizando espaços e tempos flexíveis, que possibilitem brincadeiras seguras, espontâneas e criativas. Por outro lado, o adulto também participa das brincadeiras das crianças, e, nessa relação de alteridade, os enredos que estruturam o brincar são transformados.

No encontro com o adulto e com outras crianças, no diálogo, nas possibilidades de interação nos espaços e recursos disponibilizados, os sujeitos vão construindo significados compartilhados de forma muito dinâmica para suas experiências, que são modificadas e enriquecidas, pois criam novas formas de simbolizar, ampliam enredos, e, consequentemente, transformam suas interações com o meio.

Vigotski, psicolinguista russo que viveu entre 1896 e 1934, teve como centro de suas referências para desenvolvimento de suas pesquisas o estudo do desenvolvimento moral. Para Vigotski (2010):

> A questão da educação moral se situa entre aquelas que estão sendo revistas na psicologia e na cultura do modo mais decidido e radical. Está desmoronando a reação milenar da moralidade com a psicologia e sobre o impacto da análise a moral começa a ganhar um caráter cada vez mais terreno (Vigotski, 2010, p. 295).

Para esse destacado pesquisador russo da área da linguagem e da aprendizagem,

> Cada povo, em cada época e cada classe tem a sua própria moral, que sempre é produto da psicologia social. [...] Em cada meio social modificaram-se os conceitos e definições, e o que em uma época e em um lugar se considerava mal em outro lugar podia considerar-se o maior dos méritos (Vigotski, 2010, p. 295).

Para todas as crianças, de qualquer classe social, o brincar se relaciona com a conquista do bem viver e da invenção. Nesse sentido, o meio educativo precisa investir e criar espaços e tempos para que as brincadeiras compartilhadas e os jogos de regras façam parte da rotina escolar, qualificando a convivência e as aprendizagens. As narrativas, objeto de estudo desta pesquisa, também podem se constituir em momentos de decisão a tomar, quando o conteúdo das mesmas exige do sujeito uma *escolha* ou um *caminho* a ser trilhado.

Quando uma regra para brincadeira ou jogo é construída de forma participativa pelo grupo, favorece a iniciativa da criança em se submeter a ela voluntariamente. Nesse caso, a regra se torna *real* e o sentimento de dever, legitimado no respeito mútuo, impulsiona à obediência voluntária. Assim, a regra construída pelo grupo constitui-se na lei instituída e internalizada pelos sujeitos, que não só se sentem obrigados a obedecer, como também passam, de forma legítima, a exercer autoridade diante de seus pares, cuidando para que todos cumpram as combinações construídas no coletivo.

Para Vigotski (2010),

> [...] do ponto de vista da psicologia social cabe considerar a moral como certa forma de comportamento social elaborada e estabelecida

> segundo os interesses da classe dominante, como forma diferente para as diversas classes. É por isso que sempre existiram a moral do senhor e a moral dos escravos, e é por isso também que as épocas de crises eram épocas das maiores crises da moral (Vigotski, 2010, p. 296).

Para o pesquisador russo,

> [...] a educação moral em cada escola coincide inteiramente com a moral da classe que orienta a escola. Os ideais de classe são próprios de todos os demais sistemas de educação. Assim acontecia na escola secundária, que se baseava em princípios autoritários, considerava a obediência um ideal para o aluno e os objetivos comuns da educação moral consistiam em educar o pequeno-burguês fiel ou o burocrata cumpridor (Vigotski, 2010, p. 296).

Portanto, o comportamento moral é um comportamento educado através do meio social da mesma forma que qualquer outro comportamento. O que torna singular na aprendizagem humana da criatividade, dos valores éticos e morais é a construção de significados, ou seja, trata-se de um processo semiótico. O interesse de Vigotski estava centrado na relação entre o ser humano e seu entorno, especialmente na função dos signos empregados como instrumentos psicológicos para mediar as atividades mentais.

Vigotski buscava uma forma de relacionar o funcionamento psicológico do indivíduo a contextos socioculturais concretos, especificamente ao contexto de ensino formal. Os mecanismos teóricos que utilizou para esclarecer essa relação estavam fundamentalmente em seu tema da mediação semiótica; sua linha de raciocínio era identificar as formas de fala ou características do discurso de contextos socioculturais concretos e examinar o impacto que seu domínio tinha no funcionamento mental (nos dois planos, o interpsicológico e o intrapsicológico) (Coll, 2004).

No dizer de Vigotski (2010),

> [...] o desenvolvimento intelectual pode combinar-se com a maior das amoralidades e, consequentemente, não é em si uma garantia de comportamento moral. Sabemos ainda que uma pessoa pode ter um comportamento moral brilhante tendo uma inteligência fortemente retardada, que as crianças retardadas podem revelar uma inteligência de coração, verdadeira e apurada e que, por conseguinte, o desenvolvimento mental não pode ser reconhecido nem sequer como condição

> indispensável de dom moral. Ainda assim temos o direito de afirmar que existe uma profunda dependência entre ambas as coisas e que o desenvolvimento mental é condição favorável para a educação moral (Vigotski, 2010, p. 304).

Na continuidade, Vigotski (2010, p. 305) considera sem sentido ensinar moral. Em si, as regras da moral representam, na alma da criança, um sistema de reações puramente verbais, inteiramente dissociadas do comportamento. No melhor dos casos, isto é um motor não incluído na ação do mecanismo e condenado a funcionar no vazio.

Para as teorias sociointeracionistas, a criação está sustentada na atividade combinatória do ser humano, na sua habilidade de poder resgatar situações e lembranças anteriores de sua vida, reorganizando-as em novas configurações. Assim, o desenvolvimento moral supõe elasticidade, adaptação, reflexão e formas de visualização do sujeito diante das diferentes e inusitadas experiências de vida. Vigotski (2009) explica a criação como um processo de construção e de combinação de elementos, de modo que o já vivido e experimentado é transformado em diversificadas possibilidades.

A plasticidade e flexibilidade orgânica permitem que o sujeito desenvolva a capacidade de adaptar-se ao meio e de encontrar formas cada vez mais apropriadas de reconciliar-se com as adversidades e os estranhamentos da realidade. A história de desenvolvimento social e cultural é fonte de criação para o ser humano que se abastece cada vez mais das experiências que a cultura gerou e transformou ao longo dos anos. Portanto, tomando como referência as teorias sociointeracionistas, a explicação sobre a origem da imaginação, da criatividade e da moralidade está vinculada à experiência de cada um.

Essa forma de ampliar e enriquecer a leitura e interpretação da realidade é característica de apenas alguns sujeitos, uma vez que nem todos têm oportunidade de estabelecer interações sociais criativas em ambientes propiciadores de diálogos que permitam justificar pontos de vista com argumentação e defesa próprias. Como função psicológica superior, a imaginação está associada às emoções e afeta as demais funções, como o pensamento criativo e a linguagem. Esses elementos são construídos e transformados culturalmente através da história.

Como surge essa capacidade combinatória criativa no homem? Não acontece de modo dissociado da condição humana, do seu ciclo evolutivo e das circunstâncias ambientais e culturais. A atividade de imaginação é uma função vital necessária; está relacionada à função simbólica do sujeito, ou seja, à sua capacidade de ampliar o pensamento e de representá-lo de diferentes formas. A imaginação retira elementos da realidade para reelaborar as figurações, para compor o texto ou para descrever o cenário e seus atores. O cérebro registra, inscreve, memoriza, fornece dados para reproduzir, mas pode ainda ir além; pode esboçar os registros de outra forma e possibilitar ao sujeito criar cenas de um tempo não vivido e de um espaço não experimentado. E onde se situa o desenvolvimento moral e seus desdobramentos diante dos dilemas a serem enfrentados pelo sujeito?

A imaginação e o pensamento criativo supõem, para a sua existência, de certa liberdade e autonomia pessoal. A repressão pessoal exacerbada, a censura projetada nos olhares externos impossibilitam o sujeito de perceber-se livre e autor de suas criações. Autonomia moral e intelectual faz par com pensamento criativo quando a defesa de princípios intelectuais e éticos preservam a liberdade individual e o bem comum. Para Kramer (2007), a atividade artística e criativa, como a ciência, deve ser livre e de significação para o homem, não devendo ser identificada somente com lazer, embora este possa estar incluído. Também não podemos abstrair o conteúdo emocional da imaginação ou da realidade. Segundo a autora, os conteúdos afetivos estão contidos na realidade e na fantasia e podem fornecer elementos para produzir uma obra inexistente na vida real.

A criatividade e o desenvolvimento da autonomia moral são propriedades do pensamento que transitam entre elementos utilizados para interpretar uma situação. Elas trazem como referência as marcas ou inscrições de experiências anteriores. Isso significa que não criamos do nada, mas a partir de signos ou símbolos que fizeram parte do repertório na memória do sujeito. A intensidade da lembrança e o sentido atribuído à determinada experiência são mais facilmente evocados e reconstituídos. Os níveis de combinação dependem de recursos internos do sujeito, do exercício e experiência pessoal para gerir essas transformações. A atividade criativa é própria do homem. Ele é capaz de remover hábitos e posturas cristalizadas para reconstituí-los em novas representações e configurações. Cabe lembrar que a criatividade é própria da condição humana, sem desconhecer o fator histórico cultural experimentado pelos indivíduos. Segundo Vigotski (2009, p. 14), "é exatamente a atividade criadora que faz do homem um ser que se volta para o futuro, erigindo-o e modificando o seu presente".

Na imaginação desse sujeito, referido por Vigotski, está implicado também o julgamento e os valores morais. A criação humana supõe que uma experiência, situação ou objeto são criados a partir de determinada realidade e da história de cada um. Se o que foi criado é alguma situação materializada no mundo externo, ou uma representação interna pensada sobre o objeto, ou emocionalmente sentida pela pessoa, trata-se igualmente de um pensamento criativo. Segundo Vigotski (2009), um tipo de atividade criadora do homem consiste em reproduzir ou reconstituir modos de proceder já trilhados em momentos anteriores. Trata-se de evocar lembranças e agregá-las às ações do cotidiano. Outra forma de criação implica reconstituir e combinar elementos a partir de experiências vivenciadas.

> A criação, na verdade, não existe apenas quando se criam grandes obras literárias, mas por toda parte em que o homem imagina, combina, modifica e cria algo novo, mesmo que esse novo se pareça a um grãozinho, se comparado às criações dos gênios. Se levarmos em conta a presença da imaginação coletiva, que une todos esses grãozinhos não raro insignificantes da criação individual, veremos que grande parte de tudo o que foi criado pela humanidade pertence exatamente ao trabalho criador anônimo e coletivo de inventores desconhecidos (Vigotski, 2009, p. 15-16).

Para Vigotski, emoções, como a tristeza, o amor, o ódio, a alegria, podem servir de referência para acontecimentos que trazem um enredo permeado pela imaginação e criatividade. Esses enredos fazem parte das decisões e dos enfrentamentos a serem superados no cotidiano de cada sujeito. As paixões, o romantismo e a aventura dos contos nos inquietam e contagiam pelos acontecimentos e pela aventura de personagens, que, embora cheios de fantasia, possibilitam-nos um deslocamento ao mundo imaginário. O que o homem sonha ao observar uma imagem artística, ao ouvir uma música, ao ler um texto literário está profundamente relacionado aos seus sentimentos e às suas vivências, ou seja, à sua realidade interna.

Viver de modo moral e criativo significa exercer atividades de modo livre e espontâneo, transitando entre a dependência e a independência, criando espaço para relações de interdependência e exercitando possibilidades de enfrentar adversidades junto à cultura e às diferenças que ela possa comportar. É a partir dos progressos da experiência socializada, em direção à construção do jogo de regras que a vida social do sujeito se desenvolve na perspectiva da construção de valores, do desenvolvimento da ética e cidadania.

O entendimento comum é de que o grande talento que produz obras literárias notáveis é privilégio de poucos, embora Vigotski (2009) aponte que a criação literária infantil pode ser facilitada quando se estimula a criança a

> [...] escrever sobre um tema que para ela é internamente compreensível a familiar e, o mais importante, que a incentiva a expressar em palavras seu mundo interior. Muitas vezes a criança escreve mal porque não tem sobre o que escrever (Vigotski, 2009, p. 66).

Referências

COLL, César; MARCHESI, Álvaro; PALACIOS, Jesús. *Desenvolvimento psicológico e educação*. Trad. Fátima Murad. 2. ed. Porto Alegre: Artmed, 2004.

KRAMER, Sonia. *Por entre as pedras*: arma e sonho na escola. São Paulo: Ática, 2007.

MAGGI, Noeli Reck. *A fratura da função paterna e o processo de simbolização*: um estudo com crianças de periferia urbana em fase de escolaridade inicial. Tese (Doutorado em Educação) – Universidade Federal do Rio Grande do Sul, Porto Alegre, 2005.

PIAGET, Jean. *Para onde vai a educação?* Rio de Janeiro: Forense, 1980.

RANGEL, Ana Cristina. Relações entre desenvolvimento moral e intelectual. In: *Educação matemática e a construção do número pela criança*: uma experiência em diferentes níveis sócio-econômicos. Porto Alegre: Artes Médicas, 1992.

VIGOTSKI, Lev S. *Imaginação e criação na infância.* Apresentação e comentários Ana Luiza Smolka; Trad. Zoia Prestes. São Paulo: Ática, 2009.

VIGOTSKI, Lev S. *Psicologia pedagógica.* Trad. Paulo Bezerra. 3. ed. São Paulo: WMF Martins Fontes, 2010.

WELLS, Gordon. *Indagación dialógica*: hacia una teoria y una práctica socioculturales de la educación. Barcelona: Paidós, 2001.

GAMIFICAÇÃO E A FORMAÇÃO CIDADÃ NO SÉCULO XXI

Rosalice Pinto

"Se você me diz algo, esqueço.
Se você me ensina, lembro-me.
Se você me integra à situação, aprendo".
(Benjamin Franklin)

Introdução

É de conhecimento de todos que, ao se tentar definir um conceito para a aprendizagem humana, dever-se-á recorrer a várias orientações teóricas, tanto psicológicas quanto pedagógicas, sendo que cada uma delas se baseia em tradições e postulados distintos.

Numa abordagem empírica, o fundamento da aprendizagem e o conhecimento encontram-se apoiados fundamentalmente em uma percepção de base empirista. Em uma outra tradição (a filosófica), que perpassa de Platão a Descartes, existe uma prioridade da razão em detrimento da percepção. Inclusive, vale ressaltar que tal corrente foi reatulizada em função de contribuições, tanto da psicologia quanto da linguística, que enfatizam a importância das estruturas mentais para o tratamento da informação. Para essas tradições filosóficas, às quais muitas práticas pedagógicas ainda hoje se filiam, surgiram, no século XX, teorias que se baseavam na ação do sujeito como foco da aprendizagem. Inclusive, tanto o behaviorismo quanto o construtivismo piagetiano se fundam nessa premissa. Ainda, existe uma outra corrente, representada pelas contribuições de Vigotski e de Bruner, que, seguindo orientações diversas, enfatizam o papel da linguagem na aprendizagem. Nesse contexto, o pensamento humano é "coibido" pelo sistema de signos, sendo que a significação da língua escrita ou oral é produto da interação entre as estruturas mentais do indivíduo e da cultura na qual este se desenvolve.

Contudo, não nos cabe aqui, neste trabalho, centrado sobretudo no impacto das novas tecnologias do século XXI para o desenvolvimento de outras formas de aprendizagem (salientando o papel dos jogos em contextos de formação), fazer um retrospecto histórico exaustivo desses percursos teóricos. O que nos interessa fundamentalmente é trazer alguma reflexão sobre o impacto dessas novas ferramentas de aprendizagem, advindas do "*boom*" das plataformas digitais, para o desenvolvimento de uma "pedagogia revista à luz dessas novas conquistas tecnológicas", tendo como foco a formação cidadã através dos jogos.

Para tal, alguns pressupostos merecem ser revisitados, de forma a demonstrar, inclusive, a importância de novas ferramentas de aprendizagem.

Em primeiro lugar, convém salientar que se lida hoje não apenas com contextos analógicos, mas com contextos digitais multi e intersemióticos em que imagens, movimentos, sons e a própria linguagem verbal interagem para a construção de sentidos diversos. Essa *hibridação de linguagens* (Santaella, 2005), inserida em ambientes digitais e impressos, estimula novos modos de pensar, de agir e também de sentir, exigindo por parte de todos (formandos e professores em contexto escolar) uma (re)atualização de suas capacidades e práticas de compreensão, de produção e de transmissão dessas mesmas linguagens (Rojo, 2009). No entanto, o que ainda se observa em contexto escolar é que as novas ferramentas digitais nas escolas não vêm sendo acompanhadas de mudanças significativas nas perspectivas de ensino. Como apontam Lanskhear e Knobel (2007) e Warschauer e Ware (2008), as pessoas e as escolas em que se inserem limitam-se a usar os recursos digitais, valorizando, por um lado, a centralização, o conhecimento e a produção individuais; por outro, o aspecto técnico dos recursos adotados na aprendizagem, visando a enfatizar apenas a atualização e a modernidade das escolas. Na verdade, como afirma Rezende (2016, p. 103): "Agir dessa forma no ciberespaço é diminuir o potencial das novas práticas letradas ali presentes, impedindo a expansão de suas possibilidades de significação".

O humano aparece, nesse novo paradigma, por caminhos que exigem sua inclusão em processos criativos, abalando as antigas concepções disciplinares da "objetividade", das "certezas" e da "verdade". E é nesse espaço que aparece o lugar para práticas teórico-metodológicas inseridas nas chamadas ciências do humano (termo proposto pelo Interacionismo Sociodiscursivo)[1] que dão lugar para a inclusão da pessoa, de seus fazeres no mundo da vida, como formas de manifestação e criação. Se, tradicionalmente, o ensino de línguas polarizou o seu trabalho para o estudo dos textos verbais em que as imagens eram uma mera *ancoragem* ou *ilustração*[2], no movimento interdisciplinar e transdisciplinar imposto pelos estudos científicos atuais, o ser humano deve estar incluído na realidade em que as diversas linguagens se inter-relacionam. Com isso, torna-se praticamente impossível estudarmos as significações humanas a respeito de seu mundo e de seu viver, sem considerarmos, também, o inter-relacionamento das linguagens de que se vale para se constituir esse humano. O *lautor*, expressão utilizada por Rojo (2013, p. 20)[3], deve estar preparado para ler/produzir textos inseridos nas teorias audiovisuais, no *design*, na arquitetura, nas artes visuais, estando estes inseridos na cultura de um povo, dentre outras. Enfatiza-se, assim, a ampliação da concepção de alfabelização para letramento e, muito mais, para *multiletramentos*, onde os processos de leitura e escrita se estendem ao conjunto de diversos campos do saber. Os Estudos Linguísticos/Ciências da Linguagem, as Letras são, assim, "convidados" a se redimensionar, estendendo o seu campo de ação para além dos textos verbais.

Além disso, a essa necessidade de mudança na orientação formativa e informativa por parte dos atores envolvidos no processo de ensino/aprendizagem, acrescenta-se o fato de que essas novas tecnologias e ferramentas digitais, que convocam possibilidades hipertextuais, multimidiáticas e hipermidiáticas, lidam com uma multiplicidade de modos de re(significar), convocando áreas de conhecimento diversas. Assim, como afirma Morin (2010, p. 13), "o conhecimento é um fenômeno multidimensional, englobando de forma inseparável, fenômenos físico, biológico, cerebral, mental, cultural e social".

---

[1] Bronckart (2006).

[2] Ver Barthes, R. (1964). La Rhétorique de l'Image. Communications 4, p. 40-51.

[3] Para Rojo (2013), a web 2.0 veio a mudar o fluxo de comunicação, permitindo que não exista mais a cisão entre produtores/leitores, possibilitando assim que todos possam publicar em rede e exerçam simultaneamente os dois papéis.

E, dentre esses domínios do saber, devem ser ressaltadas as contribuições das Neurociências (Damásio, 1994), dos estudos filosóficos de Spinoza, que relevam a importância das emoções e dos afetos, respectivamente, para a construção do humano. Dessa forma, os estudos científicos vêm contestar, indiretamente, o modelo logocêntrico. Este deve ser assim flexibilizado e problematizado a partir de uma nova realidade virtual. Nesse contexto, por exemplo, no domínio do ensino e aprendizagem das línguas, em especial, o texto não se restringe a uma mera semiotização linguística socioespacialmente contextualizada. Na verdade, outras linguagens (imagéticas, gestuais, dentre outras) devem ser consideradas, ao representarem e expressarem *aquilo que nos move ou nos afeta*, nas relações com nós mesmos em interações dialéticas com vários outros.

Partindo desses pressupostos iniciais, em que os aprendizes passaram a ser os *atores de sua formação* e querem decidir o caminho a seguir para que seus gostos, seus objetivos pessoais e sua personalidade sejam respeitados, a prática formativa, na contemporaneidade, deve pontuar novos desafios, sendo estes condizentes com novos contextos de trabalho. Com isso, advogamos, a partir desse novo paradigma, que a utilização de *jogos* em contextos formativos pode vir a ser uma estratégia oportuna para a criação de novas situações de autorias coletivas tão necessárias para a resolução de situações concretas. Nestas, os próprios aprendizes, engajados em sua tomada de decisão, devem conjugar questões gnosiológicas, praxiológicas, textuais, sendo estas associadas tanto a valores diversos (sociais, éticos, culturais) quanto a aspectos emocionais e afetivos. Advogamos, como afirma Koren (2019, p. 84 e 85), que esses valores *não são nem entidades estáticas nem objetivas, mas orientações em movimento* que fazem parte da constituição dinâmica dos indivíduos. Assim, ao se conceber *algo justo* com um valor sócio-historicamente concebido, deve-se também levar em consideração o sentimento de responsabilidade individual e/ou coletiva dos cidadãos em sociedade junto às futuras gerações.

Utilização de *jogos sérios* ou gamificação

Como relevaremos a importância dos jogos em contextos de formação, passaremos, nesta seção, num primeiro momento, a conceitualizar o que definimos por *jogos sérios* (conceito que apresenta uma relativa flutuação terminológica) e sua relação com o termo *gamificação*; em seguida, pontuamos algumas de suas modalidades, enfatizando, em especial, os *games* de aprendizagem ou *learning games*, voltados para a formação.

Breve contextualização

O termo *jogos sérios*[4], consubstanciado com a sua aplicação em diversos contextos (a própria gamificação), apresenta definições diversas, em função do interesse dos pesquisadores/profissionais envolvidos, no mundo anglófono ou francófono. Os primeiros centram-se, essencialmente, em aspectos motivacionais a eles associados. Os segundos focam-se sobretudo numa definição re(atualizada) do termo *jogos* associado ao qualificativo *sérios*, demarcando um contraponto ao conceito tradicionalmente aceito para o termo.

Para Johnson *et al.* (2004), a noção está relacionada à aplicação de jogos para a resolução de atividades rotineiras; já, segundo Burke (2014), corresponde à utilização de jogos associada às novas tecnologias, instigando o engajamento e a motivação das pessoas para atingir os seus objetivos. Esse último ponto de vista também é defendido por Domínguez *et al.* (2013). Para eles, os jogos ditos sérios referem-se à incorporação de elementos de jogos em *software* para estimular a experiência e o engajamento do usuário.

Para Sawyer e Rejeski (2002)[5], um *jogo sério* seria qualquer utilização adequada de tecnologias advindas da indústria do videogame com finalidade diversa do simples divertimento. Já para Alvarez & Djaouti (2010), o *jogo sério* seria um aplicativo informático cuja intenção inicial é de combinar, de forma coerente, aspectos sérios, como, por exemplo, o ensino, a apren-

---

[4] O primeiro jogo considerado como jogo sério surgiu nos Estados Unidos, na década de 50, junto ao exército americano, para motivar os jovens a descobrir a realidade das operações militares e a valorizar o próprio recrutamento dos mesmos (através da batalha naval e de outros jogos de estratégia militar). O resultado positivo decorrente dessa primeira experiência propagandística levou a entrever, exatamente, o potencial dos jogos para fins diversos (além do caráter lúdico a ele tradicionalmente associado).

[5] Fundadores da Serious Game Initiative (SGI), com o objetivo de organizar e acelerar a adoção de jogos de computador para fins de não entretenimento.

dizagem, a comunicação ou, ainda, a informação, com elementos lúdicos advindos do videogame. Dessa forma, esse jogo estabelece uma associação de um cenário utilitário (no plano informático, todo um entorno sonoro e gráfico) associado a uma história e regras que se afastam do caráter lúdico também tradicionalmente associado ao jogo. Em outras palavras, de forma esquemática, teríamos:

Jogo sério = dimensão séria + dimensão lúdica

No entanto, para Auneau (2011), o jogo sério implica não apenas a sua dimensão "séria" e "lúdica", mas também a sua relevância em contextos profissionais. Como afirma o autor:

> O *serious game*, ou jogo sério, é um aplicativo informático que apela para as mesmas características do *design* e do savoir-faire do videogame: interatividade, 3D em tempo real, simulação de objetos, de personagens, de ambientes, encenação, imersão, etc. Contudo, a questão lúdica associada perpassa a dimensão do simples divertimento. Verdadeira ferramenta de sensibilização, formação ou de *promoção, é de certa forma uma transformação "útil" do videogame a serviço dos profissionais* (adaptado de Auneau, 2011).

Dessa forma, como atestamos, existe, tanto do lado anglófono quanto francófono, uma tendência a considerar a gamificação como a utilização de jogos associados às novas tecnologias com interesse não apenas lúdico. Contudo, o contraponto é demarcado essencialmente pelo caráter motivacional e comportamental por que passam as definições de gamificação efetuadas por pesquisadores anglófonos.

Em guisa de conclusão, neste trabalho em particular, assumimos a definição implementada por Auneau (2011), reatualizando-a com as apresentadas por Burke (2014) e Dominguez *et al.* (2013), fazendo assim uma distinção entre os jogos sérios (ou jogos com finalidade não lúdica) e gamificação.

Os primeiros dizem respeito a ferramentas informáticas a cuja finalidade lúdica deve ser acrescido o aspecto praxiológico, motivacional e comportamental.

A gamificação, por sua vez, diz respeito ao uso de elementos de design de jogos em contextos não lúdicos para gerar um envolvimento semelhante ao dos jogos, de forma a promover determinados comportamentos desejados. Na verdade, a utilização desses jogos, associada às novas tecnologias de informação, pode, inclusive, vir a ter uma intervenção societal, uma vez que pode propiciar o desenvolvimento de competências várias em diversas áreas: na Comunicação Social, no Marketing, na Educação, dentre outras. No entanto, releva-se ainda a importância dos aspectos afetivos, emocionais e também motivacionais associados às atividades veiculadas a esses jogos.

A concepção e a realização desses jogos não lúdicos (doravante apenas jogos) constituem processos que implicam a interação do indíviduo (e de seus pares) com um cenário, apoiado em uma história, com regras e um entorno gráfico e sonoro. Na verdade, é através do contato com modos plurissemióticos diversos que esses indivíduos, em suas múltiplas interações, re(formulam) suas representações individuais e coletivas e, consequentemente, também seus valores sociais, éticos e culturais. E é essa reatualização constante, também propiciada pelo ambiente de jogos digitais, que pode vir a propiciar o desenvolvimento do indivíduo, atestado pelas próprias produções textuais (plurissemióticas) efetuadas em ambiente digital. Não deixamos assim de ratificar também o pressuposto vigotskiano adotado pelo ISD – a *linguagem tem um papel fundamental no desenvolvimento do humano.*

Com isso, evidencia-se a relevância da utilização *desses jogos* em contexto de formação de jovens em escolas, inclusive na formação de um aprendiz cidadão. No entanto, vale salientar que também podem vir a ser empregados em outros setores em organizações públicas ou privadas.

Gamificação e Teoria da Autodeterminação

De acordo com Deci e Ryan (1985), que desenvolveram a Teoria da Autodeterminação (SDT), importante referência para o estudo da motivação e da personalidade, existe tanto uma motivação intrínseca quanto extrínseca.

Em relação à primeira, uma pessoa se diz motivada intrinsecamente quando vem a executar uma atividade que considera interessante e motivadora para si própria. Já quanto à segunda, esta mesma pessoa pode vir a executar uma tarefa estimulada por razões exteriores a essa atividade (no intuito, por exemplo, de obter uma recompensa).

A gamificação, enquanto uma espécie de processo de utilização desses jogos, trabalha com os dois tipos de motivação elencados, envolvendo o sujeito (no caso, o aluno em contexto escolar) em algumas questões básicas que devem ser preenchidas de forma que o seu desenvolvimento psicológico ocorra. São elas:

- Autonomia – a pessoa tem o controle sobre as ações realizadas e tem a capacidade de determinar o resultado das mesmas.
- Competência – as pessoas precisam dar conta de diversas tarefas e desenvolver novas capacidades, de forma a vencer novos desafios. Quando essas pessoas percebem que têm as capacidades necessárias para obter êxito, conseguem agir de forma a atingir os objetivos propostos.
- Conexão social – as pessoas necessitam de ter o sentimento de pertencimento a um grupo, estando constantemente envolvidas umas com as outras em interação.

Esses dois tipos de motivação devem ser considerados *numa espécie de continum*, e não de forma dicotômica, sendo que a Teoria da Autodeterminação, para ter sucesso, implica uma constante monitorização. Inclusive, vale ressaltar que as motivações extrínsecas não são sempre favoráveis. No caso da existência de uma motivação intrínseca, as extrínsecas podem vir a atrapalhar a autonomia das pessoas, uma vez que estas passam a ser controladas por motivações outras que podem influenciar negativamente as já existentes nos indivíduos. Por outro lado, ao oferecer um encorajamento positivo inesperado ou, ainda, um feedback positivo a uma tarefa cumprida, pode haver um estímulo para a motivação intrínseca dos indivíduos, contribuindo para o seu desenvolvimento. Tal fato também pode ser reproduzido em contexto escolar, através da gamificação.

Exemplos de alguns dispositivos que utilizam games para a educação

De forma apenas exemplicativa, passaremos a citar alguns aplicativos que têm como base a gamificação para fins educacionais: o ClassRealm, o Classbadge, o Zondle e o Playdea.

O ClassRealm é uma ferramenta da web que pode ser usada por professores, estudantes ou pais para acompanhar as conquistas dos alunos, fornecendo-lhes jogos de natureza educacional e lúdica, de forma a desenvolver a sua performance acadêmica global.

O Classbadge é um sistema de trabalho para a aprendizagem de alunos. Esse sistema baseia-se na ideia de que os alunos podem vir a ter recompensas, a partir das capacidades demonstradas, metas atingidas e contribuições feitas. O sistema de acesso integra uma comunidade formada por professores, estudantes e pais.

O Zondle é um website baseado na aprendizagem por jogos, possibilitando aos professores a criação de jogos customizados que dão suporte para as necessidades de aprendizado dos alunos.

O Playdea é uma plataforma de ensino "gamificada" e colaborativa. Nele se pode aprender sobre assuntos diversos de forma divertida, em que a recompensa pelas tarefas realizadas constitui um aspecto importante. Além disso, a ferramenta é também um meio para a colocação de dúvidas e também para as devidas respostas.

Gamificação e a formação do cidadão

O termo *cidadão* advém do latim (com raiz em *civitatis*, de *civitas*, que significa cidade, termo do qual são derivados tanto *cidadão* quanto *cidadania*). Segundo o Dicionário *Houaiss*, o termo *cidadão* significa "indivíduo que, como membro de um Estado, usufrui de direitos civis e políticos garantidos pelo mesmo Estado e desempenha os deveres que, nessa condição, lhe são atribuídos" (Houaiss, 2001, p. 714). Mas qual seria o papel da escola nessa formação? A nosso ver, advogamos que é através de uma educação em Direitos Humanos – proposta defendida por Palma (2019) – que a escola poderá contribuir para a formação cidadã. Na verdade, é pela sensibilização dos alunos sobre as violações de direitos e também a todos os tipos de preconceito que a escola, enquanto instituição, poderá também cumprir o seu papel na formação de cidadãos. Ainda, consideramos, assim como Arendt (1987, p. 78), que é através da narrativa que se consegue atingir "pensamentos sem corrimão", ou seja, pensamentos mais livres. Assim, a narração consistiria num caminho pedagógico adequado para que, em determinada situação, o aprendiz conseguisse imaginar, representar o que determinada pessoa em uma situação específica pensa e sente. Na verdade, embora ele não tivesse vivenciado a situação, o aluno poderia vir a, pelo narrado, experienciá-la. Nessa proposta pedagógica de Arendt, o pensamento nasce exatamente do confronto que o indivíduo tem com a ação (o próprio evento experimentado). E essa ação é revelada pela própria linguagem da narrativa.

Estabelecida essa relação, de que forma a gamificação poderá contribuir? Pensamos que os próprios criadores de games podem, em função dos conteúdos neles inseridos, criar ferramentas com atividades que versem sobre questões que propiciem o desenvolvimento de uma atitude cidadã, necessitando para tal que versem sobre temas como violência doméstica, migrações, direitos da natureza, liberdade de expressão, dentre outros. Nesse contexto, as próprias interações dos aprendizes, no mundo virtual, podem vir também a suscitar a criação de narrativas (não apenas restritas à linguagem verbal), que podem vir a contribuir para o seu desenvolvimento. Lembremos que é pela linguagem (plurissemiótica – uma extensão ao pensamento vygotskiano) que o desenvolvimento é construído e reatualizado.

Considerações finais

Com este trabalho, o nosso objetivo foi traçar um percurso da relevância da gamificação na atividade escolar atual, demonstrando que a sua utilização se adéqua, mais diretamente, aos desafios do século XXI, em que as mídias digitais imperam. Nesse contexto, serão as ferramentas digitais os meios adequados para a motivação e o engajamento de alunos no contexto escolar, fazendo-os coconstrutores do seu próprio aprendizado.

Estando já habituados a jogos digitais de natureza lúdica em que diferentes cenários (coloridos, dinâmicos) e personagens são apresentados, associados a motivações internas e externas (incluindo pontos, troféus), os jogos não lúdicos vieram a aglutinar algumas dessas características, adaptando-as ao contexto escolar.

Defendemos, com esta contribuição, que a gamificação, já utilizada através de ferramentas diversas, como já citamos, o ClassRealm, o Classbadge, o Zondle e o Playdea, pode ser também uma mais valia para o desenvolvimento de uma atitude cidadã em contexto escolar, inclusive através da elaboração de narrativas de natureza multissemiótica.

Referências

ALVAREZ, Julian; DJAOUTI, Damien. *Introduction au serious game*. Questions Théoriques, 2010.

ARENDT, Hannah. *Homens em tempos sombrios*. Trad. Denise Bottmann. São Paulo: Companhia das Letras, 1987.

AUNEAU, Laurent. *Le Manifeste du jeu sérieux*. 2011. Disponível em: www.ludomag.com/. Acesso em: 17 abr. 2019.

BRONCKART, Jean-Paul. *Atividade de linguagem, discurso e desenvolvimento humano*. Campinas: Mercado das Letras, 2006.

BURKE, Brian. *Gartner redefines gamification* [web log message]. 2014. Disponível em: http://blogs.gartner.com/brin_burke/2014/04/04gartner-redefines-gamification.

DAMÁSIO, António. *O erro de Descartes: emoção, razão e cérebro humano*. Lisboa: Publicações Europa-América, 1994.

DOMINGUEZ, Adrián *et al*. Gamifying learning experiences: Pratical implications and outcomes. *Computers & Education* 63, p. 380-392.

HOUAISS, Antônio. *Dicionário Houaiss da Língua Portuguesa*. São Paulo: Objetiva, 2001.

JOHNSON, Larry *et al*. *NMC Horizon Report*: 2014. Disponível em: https://s3.amazonaws.com/hackedu/horizon/2014-nmc-horizon-report-he-EN-SC.pdf. Acesso em: 30 abr. 2021.

KOREN, Roselyne. *Rhétorique et Éthique*. Du jugement de valeur. Paris: Classiques Garnier, 2019.

LANSKHEAR, Colin; KNOBEL, Michele. Sampling "the new" in new literacies. In: LANKSHEAR, C.; KNOBEL, M. (Ed.). *A new literacies sampler*. New York: Peter Lang, 2007, p. 1-24.

LHUILLIER, Béatrice. *Concevoir un serious game pour un dispositif de formation*. Limousin: Editions Fyp, 2011.

MORIN, Edgar. *A religação dos saberes*: o desafio do século XXI. 9. ed. Rio de Janeiro: Bertrand Brasil, 2010.

PALMA. Daniela (coord.). *Oficinas de imaginação e escrita para a educação em Direitos Humanos* [recurso eletrônico]. Campinas, SP: Ed. do Autor, 2019.

REZENDE, Mariana Vidotti de. O conceito de letramento digital e suas implicações pedagógicas. *Texto Livre*: Linguagem e Tecnologia, Belo Horizonte, v. 9, n. 1, p. 94-107, 2016. Disponível em: http://periodicos.letras.ufmg.br/index.php/textolivre. Acesso em: 17 abr. 2019.

ROJO, Roxane. *Letramentos múltiplos, escola e inclusão social*. São Paulo: Parábola Editorial, 2009.

ROJO, Roxane *et al.* (org.). *Escola conectada*: os multiletramentos e as TICS. São Paulo: Parábola, 2013.

SANTAELLA, Lúcia. *Matrizes da linguagem e pensamento*: sonora visual verbal: aplicações na hipermédia. 3. ed. São Paulo: Iluminuras; FAPESP, 2005.

SAWYER, Ben; REJESKI, David. *Serious Games*: Improving Public Policy Through Game-Based Learning and Simulation. Washington, DC: Woodrow Wilson International Center for Scholars, 2002.

SOARES, Magda. Novas práticas de leitura e escrita: letramento na cibercultura. Educação e Sociedade, Campinas, v. 23, n. 81, p. 143-160, 2002. Disponível em: http://dx.doi.org/10.1590/S0101-73302002008100008. Acesso em: 4 abr. 2019.

WARSCHAUER, Mark; WARE, Page. Learning, change, and power: competing discourses of technology and literacy. In: COIRO, J. et al. (ed.). *Handbook of research on new lieteracies*. New York: Lawrence Erlbaum Associates, 2008. p. 215-240.

A QUESTÃO DO DESENVOLVIMENTO MORAL NO MUNDO CONTEMPORÂNEO

Rosa Maria Filippozzi Martini

Introdução

No mundo atual, em que imperam o individualismo e a indiferença diante do sofrimento alheio, grassando populismos e fascismos com a demonstração egoica dos governantes e das práticas políticas que se resumem no "a favor ou contra", torna-se imprescindível trazer novamente a discussão sobre o desenvolvimento moral. Não só por esse motivo, mas pelo fato de que uma vida sem a aprendizagem de valores não pode ser considerada uma vida humana. Uma vida alienada dos valores, apenas voltada para um individualismo egocêntrico, que tenta ignorar a situação de pandemia mundial que estamos vivendo é uma vida sem sentido.

A questão do desenvolvimento moral está baseada na aprendizagem do descentramento, que também é característica do desenvolvimento cognitivo, mas não envolve apenas questões objetivas, que implicam a manipulação do mundo objetivo, mas fundamentalmente a interação com o outro e o aprender a colocar-se no lugar do outro, a ser sensível à dor alheia. Envolve também a cooperação como forma de trabalho conjunto em função de um objetivo comum, ou seja, lutar por fins e algo que faça sentido na vida, portanto trabalhar juntos para desenvolver valores. A cooperação inclusive é indicador de saúde mental. Não podemos confundir cooperação com certos fenômenos de massa, nos quais indivíduos são levados a cooperar para destruir. A cooperação envolve objetivos construtivos, como, por exemplo, fazer bolos e vendê-los para ajudar um colega mais necessitado a comprar um tênis para fazer Educação Física. Essas ações são decorrentes de interações e da capacidade de se colocar no lugar do outro.

O desenvolvimento moral envolve também o cuidado com o outro e com a natureza, além de ajudar a cuidar de um colega que se machucou e levá-lo à Unidade de Pronto-Atendimento (UPA) do bairro ou promover um mutirão para fazer uma horta na escola e depois fazer um revezamento para cuidá-la. Esse trabalho envolve organização, liderança e cuidado com a natureza. Cuidar de uma horta implica conhecimentos de biologia, agronomia, além do cuidado com a natureza, na ênfase da ecologia. A natureza, no contexto da ecologia, é considerada como um ser vivo com seus limites, que devem ser respeitados, e não esgotados. Como consequência, requer a cooperação de todos para fazer um trabalho de compostagem com cascas de ovos, cascas de vegetais da sopa da escola, borra de café. Envolve, portanto, liderança e organização, quem vai pedir o que, para quem... Seria preciso que uma criança em desenvolvimento fosse levada a adquirir conhecimentos objetivos relativos a compostagem, realizando a ação cooperativa de lidar com a terra, plantando, regando, vendo crescer, cuidando, colocando-se na perspectiva do ser natural, interagindo com os colegas para criar um mundo melhor, pois ao mesmo tempo poderiam falar sobre suas ações e sobre como estariam contribuindo para o equilíbrio ecológico. Essas falas e essas ações criariam outro contexto cultural, um contexto verde, um contexto ecológico no qual as crianças poderiam se desenvolver moralmente de forma interdisciplinar, refletindo sobre suas ações de plantar e sobre o cuidado de tirar da terra, sem machucá-la, consumindo uma alimentação saudável. Esse seria um exemplo de desenvolvimento moral no sentido da ecologia, pois biólogos já acumulam provas de que vírus se multiplicam em função do desequilíbrio ecológico.

Se a questão do desenvolvimento moral fosse trabalhada, interdisciplinarmente, nas escolas, provavelmente teríamos uma sociedade menos agressiva e violenta, cidadãos mais esclarecidos e governantes mais preocupados com o bem público, assim como um povo mais consciente de seus direitos como cidadãos, enfim cidadãos cooperadores, mais autônomos, capazes de visar fins menos estratégicos e mais voltados para um ponto de vista moral. Esse ponto de vista moral não seria mais o de um Deus e de seus mandamentos, mas aquilo que fosse bom para todos, ou seja, um acordo mínimo do que fosse melhor para todos.

Moral e ética

A maioria dos autores contemporâneos, como Tugendhat (1995), não faz distinção entre os termos *moral* e *ética*. Segundo Sanson (1989), em seu artigo "Ética estóica", na obra *Ética e Trabalho*, a língua grega tinha duas palavras para a questão da moral e ética, *êthos* e *éthos*. O primeiro (*êthos*) significa costume, modo de ser do grupo e dos indivíduos. *Éthos* significa domicílio, moradia. Designa a maneira de ser habitual, o caráter, a disposição da alma. Caráter é marca, timbre ou disposição interna da vontade que leva o indivíduo a agir habitualmente de determinada maneira. Segundo esse mesmo autor, Cícero (De Fato, II, I) traduziu a palavra grega *éthicos* para o latim como *mores*, costumes. Assim, de certa forma, Ética e Moral coincidem.

Conforme Tugendhat (1995), a ética é uma reflexão filosófica sobre a moral. Sendo assim, ao realizar-se uma reflexão filosófica sobre a moral, a ênfase é em como deve ser entendido um juízo moral e, com isso, um conceito de moral em geral. Com essa posição, Tugendhat aproxima os conceitos de ética e moral. Ainda, segundo o mesmo autor, na atualidade, precisamos fundamentar a posição moral não só diante do egoísta, aquele que nega a moral, mas diante de diversas concepções de moral. Na medida em que a moral atual não é mais fundamentada a partir de Deus, nem a partir da razão, independentemente da experiência, como Kant afirmava, precisamos buscar os fundamentos que justificam uma ação, ou seja, a aceitação de um sistema moral. Entretanto, essa fundamentação tem que ocorrer em dois níveis: primeiro, quais motivos apresentamos para desejar pertencer a uma comunidade moral?; segundo, temos bons motivos para agir moralmente em conformidade com esse conceito? O autor assinala ainda a importância das exigências recíprocas no contexto social.

Com relação ao uso dos termos *ética* e *moral*, Ricoeur (1996) tem posição semelhante a de Tugendhat. No que se refere a sua herança greco-romana, o filósofo atribui ao termo *ética* a busca por uma vida boa, realizada. Por moral, Ricoeur entende a articulação de um sujeito, que se coloca na posição de uma intencionalidade ética, com normas caracterizadas com pretensão de universalidade, as quais produzem um efeito de restrição da liberdade desse mesmo sujeito, ou seja, não posso exigir do outro aquilo que não exijo de mim mesmo. Fica destacada, nesse aspecto, a importância da reciprocidade e de um contexto interativo, no qual os sujeitos são capazes de se colocar no lugar do outro e desenvolver sua moralidade. Nesse sentido, moral e ética são conceitos articulados entre si.

Podemos exemplificar essa relação com a necessidade do uso da máscara, no contexto da pandemia de Covid-19. O uso da máscara é obrigatório, não só porque eu não quero ficar doente, mas porque as outras pessoas também não podem ficar doentes. Se a maioria das pessoas ficarem doentes, vão faltar leitos nos hospitais e toda a sociedade ficará prejudicada. Assim, para que a sociedade não se desorganize, é preciso cooperar e evitar que mais pessoas fiquem doentes, usando máscara, além de outros cuidados de higiene, como manter o distanciamento social, lavar as mãos. As pessoas não podem pensar que vão usar máscaras para não serem multadas, mas vão usar máscaras para preservar a vida delas e a do outro. É uma questão de cooperação e reciprocidade, de respeito mútuo, na medida em que significa respeito pela vida e sensibilidade com relação à possibilidade do sofrimento alheio. Nesse caso, a vida é o valor fundamental.

Desenvolvimento moral - Piaget, Habermas e Kholberg

Piaget (1977), em sua prática de pesquisa com crianças suíças, partiu do diálogo com vários grupos de crianças para poder analisar o que vem a ser e como se desenvolve na criança o julgamento moral. Essa metodologia sugere uma concordância com Tugendhat e Ricoeur, na medida em que ambos mencionam que a consciência moral só se desenvolve a partir da interação social. Recentemente, Nicolelis (2020), neurocientista brasileiro de grande influência internacional, em entrevista na internet, via *Zoom*, afirmou a importância da interação para a aprendizagem. Essa experiência social, afirma o cientista, faz parte da grande força evolutiva que moldou nosso cérebro primata, que é adaptado para o aprendizado social. Os círculos neurais foram moldados para otimizar essa interação. Não somos máquinas digitais. Temos um sistema nervoso que opera muito mais em analógico do que em digital.

Dessa forma, Nicolelis, com sua grande experiência como neurocientista, questiona os entusiasmos com o mundo digital e com a inteligência artificial (IA). Ele se aproxima dos trabalhos de Piaget e Maturana quando confirma, em sua entrevista de 2020, que a inteligência é uma propriedade emergente de um sistema orgânico, não construído, que evoluiu em contato com outros membros da espécie. Nicolelis encerrou a entrevista perguntando se queremos formar cabeças pensantes ou consumidores obedientes sem condições de exercer um mínimo de crítica, de joelhos diante de aparatos tecnológicos. Quanto a isso, estamos ainda muito longe, visto que nossas crianças de baixa renda não têm acesso à internet nas escolas de periferia e que esse acesso lhes é constantemente negado. Enquanto as escolas não funcionam, as crianças não têm acesso a nenhuma proposta educativa. É preciso lembrar as enormes desigualdades sociais, tais como falta de acesso à água tratada, à alimentação adequada, à moradia e ao cuidado. Nicolelis, como cientista, está chamando atenção para o fato de que falta muito mais do que instrumentos digitais às crianças em extrema desigualdade social. O que estaria faltando a elas?

Vale mencionar também Maturana (1997), biólogo chileno, com grande influência internacional, difundido em diferentes áreas, tais como Linguística, Sociologia, Ciências Cognitivas, Psicologia. Ele conclui, em uma de suas principais obras, que somos seres éticos, porque nos preocupamos com o outro. Tal consideração é emocional, não racional. Entretanto, quando queremos operacionalizar a consideração mútua entre seres humanos que não são membros da mesma comunidade social, precisamos requerer um argumento racional por meio de um acordo explícito a ser gerado. Piaget não está de acordo totalmente com essa afirmação, distinguindo regras e consciência das regras que vão ocorrendo ao longo do desenvolvimento humano.

Piaget (1977), em sua obra *O julgamento moral na criança*, descreveu estágios de desenvolvimento moral que vão da heteronomia à autonomia. No final de sua obra, o autor concluiu que não há estágios globais que definam o conjunto da vida psicológica de um indivíduo, num dado momento de sua evolução: os estágios devem ser concebidos como fases sucessivas de processos regulares, os quais se reproduzem como ritmos, nos planos superpostos do comportamento e da consciência. Piaget exemplifica esse processo com o fato de que um menino de 10 anos poderia dar provas de autonomia quanto à prática das regras do jogo de bolitas, mas permaneceria heterônomo à medida que tomasse consciência dessas regras e observasse as diretrizes relativas à mentira ou à justiça.

Piaget acrescenta, em suas conclusões, que o adulto civilizado contemporâneo apresenta o caráter essencial de uma cooperação entre personalidades diferenciadas, considerando-se iguais entre si, hipoteticamente. O pesquisador aponta três tipos de condutas: condutas motoras, condutas egocêntricas e condutas de cooperação. Essas condutas, segundo o autor, podem emergir mais ou menos segundo a personalidade de cada sujeito e o ambiente social em que se encontram. O problema da pandemia no Brasil nos mostra que Piaget teria razão em suas conclusões. Atualmente, no nosso mundo da vida de pandemia, os negacionistas são os egocêntricos, pois não são capazes de sair de suas perspectivas egoicas de negar os achados da ciência que concluem que o uso de máscara protege contra o coronavírus e insistem em se aglomerar e não usar máscaras. A aglomeração se caracteriza ainda como uma conduta mais primitiva, pois se constitui, prevalentemente, de condutas motoras que operam longe da reflexão. A conduta cooperativa de manter o afastamento social e usar máscara tem se mostrado problemática.

Habermas (1989), na sua obra *Consciência moral e agir comunicativo*, nos fala que a filosofia, no mundo contemporâneo, poderia abandonar o seu papel de juiz da cultura, para servir de intérprete e mediadora das diversas esferas da ciência, da moral, da arte. O autor acrescenta ainda a possibilidade de a filosofia ajudar a esclarecer o montante cognitivo instrumental da ciência e da técnica, ao conferir autoridade epistêmica aos que cooperam e falam uns com os outros. Isso ocorre porque o falar implica uma dimensão performativa, ou seja, quando falamos fazemos algo.

O filósofo assinala que essa dimensão performativa pode assumir uma dimensão estratégico-política, quando a ciência e a técnica são usadas a serviço do poder científico, tecnológico ou político. Um exemplo, nesses dias de pandemia, seria aderir à vacinação como estratégia política, e não como reconhecimento de instrumento da ciência como preservação da vida. Essas ações estratégicas são absorvidas na cotidianidade e provocam bloqueios nos processos de aprendizagem vigentes nas práticas concretas do mundo da vida.

Esses processos têm que ser problematizados entre os sujeitos (intersubjetivamente), na busca de elaboração de um discurso que se torna hipotético-prático. O termo *prático* seria no sentido de responder à pergunta "o que se deve fazer?". Exemplifiquemos com a discussão sobre as vacinas. Podem as vacinas em época de pandemia ser compradas por particulares, no caso laboratórios da iniciativa privada? Isso não seria ético, nem os laboratórios que fornecem para as agências oficiais aceitariam vendê-las, porque fazem parte de planos de imunização oficiais de cada país e, no momento que vendessem para particulares, estariam infringindo a regra de vacinação para todos, pois estariam favorecendo o poder econômico.

O que Habermas defendeu em sua Ética do discurso é que a filosofia se aproxime da ciência e isso muitos dos nossos valorosos cientistas brasileiros estão fazendo, adotando a posição do ponto de vista moral e apontando, nas suas falas para os meios de comunicação, o significado da universalização da vacina e a importância de cada um aguardar o seu momento segundo o critério adotado. Em primeiro lugar, os mais idosos, para não sobrecarregar as Unidades de Tratamento Intensivo (UTIs) e os hospitais não entrarem em colapso. Por outro lado, tem ficado claro para o mundo da vida da pandemia a questão das desigualdades sociais. Estas requerem que se discutam outros critérios, tais como vacinar os mais pobres, os que não podem praticar o afastamento social porque não têm o que comer e precisam sair para tentar ganhar o pão de cada dia. Além disso, é preciso considerar o pessoal da enfermagem, especialmente os técnicos e os da limpeza que precisam tomar condução e correm mais risco.

Tudo isso precisa ser levado em conta, esclarecido e discutido, mesmo com as crianças em desenvolvimento, na idade escolar, do ensino fundamental, embora a negativa com relação ao projeto de internet para os alunos das escolas de periferia tenha prejudicado totalmente a possibilidade dessas discussões para os já alfabetizados. Na internet bem elaborada, haveria muitos recursos também para as crianças menores aprenderem. Nicolelis (2020) não se referiu a isso. Um professor, com boa formação e bem pago, com um tablet na mão, poderia operar muitas transformações, mesmo à distância, usando sua imaginação, ou seja, usando sua dimensão subjetiva expressiva ou estético-expressiva, segundo Habermas.

Habermas (1989) compreende o agir comunicativo como um processo circular em que o mundo da vida comum em cada caso oferece uma provisão de obviedades culturais, de onde os participantes da comunicação retiram seus esforços interpretativos. Por outro lado, as solidariedades dos grupos integrados por intermédio de valores e as competências dos indivíduos socializados servem de maneira diferente como recursos críticos para o agir orientado para o entendimento mútuo.

Exemplo de dilema do mundo da vida da pandemia: "um jogador famoso que fez muitos gols alugou a quadra esportiva de uma Escola da Periferia para dar uma festa com grande aglomeração. Isso é certo ou errado em tempos de pandemia? O jogador deveria ser punido, preso e multado?" Um menino de 9 anos, Pedro, se manifestou dizendo que o jogador podia fazer o que quisesse, porque ele era famoso e tinha feito muitos gols. Já que a Escola estava fechada, não tinha problema. Ele não merecia ser punido.

Lawrence Kholberg, divulgado no Brasil por Biaggio[1] (2002), e integrado às reflexões de Habermas como um psicólogo cognitivista e um cientista social reconstrutivista, é conhecido por tentar reconstruir racionalmente a competência moral da espécie humana. Segundo Biaggio (2002), Kholberg, na década de 60, utilizou o dilema de Heinz, em larga escala, aplicando-o em crianças e adolescentes americanos, turcos e israelenses. O dilema de Heinz consiste em roubar ou não um remédio que poderia curar a doença terminal da esposa dele e para o qual não teria o dinheiro suficiente, diante da negativa do farmacêutico. O que se deveria fazer: roubar ou não um remédio para salvar uma vida? A questão de Heinz pode ser abordada em nível interpessoal, a

[1] Ângela M. Brasil Biaggio (1941-2003) introduziu L. Kholberg no Brasil, tendo discutido em disciplina do Programa de Pós-Graduação em Educação da Universidade Federal do Rio Grande do Sul (PGEDU/UFRGS), na década de 70, um dos textos mais reflexivos de Kholberg: "From Is to Ought: How to Commit the Naturalistic Fallacy and Get Away with It in the Study of Moral Development". Ao longo de sua breve vida, muito envolvida com trabalho de pesquisa, tive a oportunidade de discutir com a pesquisadora as relações entre Habermas e Kholberg, na questão do desenvolvimento moral. Ângela me deu oportunidade de trabalhar com suas bolsistas, em prática de pesquisa sobre dilemas morais, no Instituto de Psicologia, onde se encontrava quando faleceu. Na ocasião, já me tinha mencionado grupos de pesquisa nos Estados Unidos, Canadá e Dinamarca, com os quais estava em contato, que já trabalhavam com ecologia. Ângela era uma mulher à frente do seu tempo. Guardo dela gestos de generosidade e disponibilidade admiráveis, pois atendia orientandos, mesmo no Hospital, quando fazia quimioterapia. Ela atingiu aquela dimensão da reciprocidade, esquecendo-se de si mesma, mesmo já avançada na sua doença, para auxiliar seus orientandos a concluírem a dissertação.

partir das relações interpessoais, mas também chegar ao nível mais universal. O dilema seria roubar para salvar uma vida. O que é mais grave: infringir a lei e roubar ou salvar uma vida?

Atualmente, com a pandemia, o dilema de Heinz não perdeu totalmente o sentido, pois, diante do furto, o que prepondera é o valor Vida. Hoje, se trata de discutir a vacina, o uso de máscara, o afastamento social e a manutenção de medidas de higiene das mãos. A cultura da pandemia preenche o mundo da vida com outros valores que visam de qualquer forma, em última instância, à Vida e não só a vida do ser humano, mas a vida do planeta. Sabe-se, por meio do que afirmam biólogos, que grande parte do surgimento dos vírus se deve ao desequilíbrio ecológico. É preciso cuidar da vida do planeta. Essas dimensões são mais amplas que as relações interpessoais, pois atingem a dimensão do cuidado com um outro mais generalizado, que é a natureza. Ela precisa ser cuidada e não esgotada. Isso se conseguirá não devastando a Amazônia, mas investindo em ecologia e em técnicas de agricultura sustentável. As crianças podem aprender isso desde cedo em contato com a própria natureza.

Voltando ao exemplo, Kholberg afirmaria que o menino Pedro estaria no estágio pré-convencional. Nesse estágio, a criança ainda não se dá conta da perspectiva do outro. Para ele, o jogador seria como um ídolo e representaria um modelo de autoridade, semelhante quase a um deus.

Outro menino, de 10 anos, Roberto, interferiu, dizendo: "ele pagou caro pela quadra e algo deve ter ficado para essa escola que é pobre como a nossa Escola, então, não precisava ter muita multa, nem ser preso. A Escola deve ter ganho algo. Quem é pobre não pode escolher de onde vem o dinheiro. Dinheiro é dinheiro!". Esse menino se dá conta de uma perspectiva do mundo objetivo da sua Escola, que é uma escola pobre, mas ainda se encontra em um nível instrumental do "dá cá, toma lá". Se a escola é pobre e o jogador deu dinheiro, então não precisa ser punido. É um agir estratégico, segundo Habermas. A Escola é pobre e precisa de dinheiro.

Já um menino de 11 anos, Silvio, declara: "eu acho que o jogador devia ser punido, porque o governador decretou uma lei que não deve haver aglomeração para as pessoas não ficarem doentes. Ora lei é lei. Ele infringiu um decreto do Governador e deve ser preso e multado". Esse menino, segundo Kholberg, está no estágio convencional. Ele quer ser reconhecido pelos outros como alguém que sabe reconhecer o que é certo ou errado. É o que o autor chama do estágio da lei e da ordem.

Silvio foi categórico: lei é lei e deve ser cumprida. Quando um ídolo do futebol decepciona um menino que o observa como atleta infringindo regras, isso é uma grande decepção, que sensibiliza subjetivamente o menino, que, no momento, prioriza a lei e a ordem. Essa é uma dimensão objetiva das normas vigentes. "Como que ele segue as regras do futebol", se "e não segue as regras que o Governador decretou?". Ele quer se afirmar como um bom menino e quer que os outros o vejam assim, como alguém que deseja agir de forma correta e obedece à autoridade. Ele está apoiado na lei como um fato prático que tem um sentido objetivo de certa forma moralizador, pois mostra que o jogador não agiu corretamente, visto que oportunizou aglomerações na quadra esportiva da Escola.

Então, entra na discussão Márcio, menino de 12 anos, que diz: "eu acho que não deveríamos punir o jogador, mas convencê-lo a mandar confeccionar umas 100.000 máscaras e oferecê-las na praça para quem precisasse delas por não poder comprar". Gilda, uma menina de 11 anos, entrou na conversa e disse que achava a solução muito boa, pois, dessa forma, quem sabe o jogador não iria dar-se conta de que outras pessoas estavam sofrendo, tanto por causa da doença, como por causa de não poderem comprar máscaras, sabonetes para lavar as mãos e não ter o que comer. Então, além de máscaras, ele deveria doar sabonetes e comida. Talvez ele pudesse lembrar que também já tinha sido pobre, um dia.

Para Kholberg, Márcio estaria entrando num estágio pós-convencional, pois não estaria questionando a lei pela lei, como mandato de punição, mas sugerindo algo diferente, que faria com que o jogador se desse conta das necessidades dos outros, colocando-se no papel do outro, aquele que não pode comprar uma máscara. Já Gilda, do sexo feminino, também questiona a lei, mas traz a contribuição da sensibilidade, de despertar no jogador a sensibilidade para o sofrimento alheio, uma característica mais feminina, chamando atenção para uma perspectiva mais subjetiva. Isso implica, justamente, que os meninos na interação realizem uma aprendizagem social com essa perspectiva do sensível, que não é exclusivamente feminina. Habermas caracteriza essa dimensão como estética-expressiva.

Concluindo o debate, entra Guilherme de 13 anos, que se coloca da seguinte forma: "se esse jogador conhece e obedece às regras do jogo de futebol, ele deveria se dar conta das regras do jogo da vida, porque se para os jovens ainda não tem vacina, tem que praticar o afastamento social, higienizar as mãos e usar máscaras, se não a gente morre e a vida está em primeiro lugar. É preciso ainda distribuir comida para aqueles que não podem comprar, para que eles não passem fome. Devemos preservar as nossas vidas, as vidas daqueles que amamos, de nossos pais e avós e daqueles que não conhecemos, mas que, na medida em que não ocuparmos os hospitais, os médicos e suas equipes poderão atender mais pessoas. É preciso salvar mais vidas!"

Interpretando a fala de Guilherme, segundo Kholberg, ele estaria no nível pós-convencional, tentando adotar a posição de um filósofo moral, mostrando que a VIDA é o valor mais importante e também mostrando o valor da reciprocidade. O que é bom para mim deve ser bom também para o outro.

Conclusões

Habermas (1989) compreende o trabalho de Kholberg como uma espécie de divisão de tarefas peculiar entre reconstrução racional de intuições morais (filosofia) e análise empírica do desenvolvimento moral. A teoria de Kholberg é, por isso mesmo, segundo esse autor, muito desafiadora. Kholberg revisou sua teoria de forma contínua e interpretativa, tendendo mais para interpretações das discussões dos dilemas com relação aos estágios de desenvolvimento moral do que para uma mensuração quantitativa.

Portanto, segundo o mesmo autor, sujeitos que agem comunicativamente ao se entenderem com outros no mundo se orientam tanto com pretensões de validade sobre afirmações a respeito desse mesmo mundo, como por pretensões normativas. Sem o horizonte de um mundo da vida de um determinado grupo social cujos valores culturais podem se tornar problemáticos, não há como estabelecer as condições para um discurso livre de coações. Por outro lado, sem conflitos de ação de uma dada situação, na qual os participantes têm como tarefa a regulação consensual de uma matéria social controversa, não teria sentido empreender um discurso prático. Dessa forma, tanto o sujeito da experiência como o psicólogo do desenvolvimento moral e o filósofo moral assumem a mesma atitude performativa de um participante do discurso.

Habermas (1989) destaca ainda que é importante, para participar da argumentação, que os participantes assumam diferentes papéis, ou seja, de falante, de ouvinte e de observador, todos com a característica de participantes de uma dada situação problemática do mundo da vida. Isso implica o descentramento do eu e a apreciação das diversas perspectivas. Esse ritmo, na qualificação de Piaget, poderia promover, por meio da contribuição de Kholberg, como psicólogo do desenvolvimento moral, e do próprio Habermas, com sua ética do discurso, uma contribuição para a reconstrução vertical de estágios da consciência moral. Isso tudo porque a consciência moral se refere a uma estrutura guiada por normas e mediatizada linguisticamente.

Outrossim, quem coloca em questão as formas de vida nas quais sua identidade vai se desenvolvendo é capaz de colocar em questão sua própria existência, ou seja, adotar uma postura filosófica, o que é diferente da discussão das normas. Tal constatação existencial não impede a tarefa cooperativa da filosofia e da ciência em seu esforço hermenêutico e reconstrutivo para compreender as novas formas de vida que vêm se apresentando na atual pandemia e que devem ser refletidas e discutidas por meio de diálogos dos quais todos possam participar, tanto como falantes quanto como ouvintes e participantes reflexivos (observadores).

Tais discussões requerem uma boa formação de professores. Os docentes teriam que ser formados de maneira a compreender esse trabalho de desenvolvimento moral e conseguir lidar com os dilemas, o que envolve a compreensão das etapas do desenvolvimento humano e também de seus retrocessos, conforme o contexto social, que, segundo Piaget (1977), pode ser mais ou menos favorável. O importante é compreender e questionar, provocando a reflexão para trabalhar o desenvolvimento moral.

Referências

BIAGGIO, Ângela Maria Brasil. *Lawrence Kholberg*: ética e educação. São Paulo: Moderna, 2002.

BOMBASSARO, Luiz Carlos (org.). *Ética e trabalho, cinco estudos*. Caxias do Sul: De Zorzi, 1989.

FRAGA DA SILVA, Dinorá; SILVEIRA DE SOUZA, Nádia Geisa (Orgs.). *Interdisciplinaridade na sala de aula*. Porto Alegre: Ed. UFRGS, 1995.

HABERMAS, Jürgen. *Communication and the evolution of society*. Theodore Mischel (ed.). Boston: Beacon Press, 1976.

HABERMAS, Jürgen. *The theory of communicative action*. v. 1. Boston: Beacon Press, 1985.

HABERMAS, Jürgen. *The theory of communicative action*. v. 2. Boston: Beacon Press, 1987.

HABERMAS, Jürgen. *Consciência moral e agir comunicativo*. Rio de Janeiro: Tempo Brasileiro,1989.

KHOLBERG, Lawrence. Essays on moral development. *The Psychology of Moral Development*, vol. Two, Harper & Row, Publishers, New York, 1984.

MATURANA, Humberto. *A ontologia da realidade*. Belo Horizonte: Ed. UFMG, 2002.

PIAGET, Jean. *O julgamento moral na criança*. São Paulo: Mestre Jou, 1977.

RICOEUR, Paul. *Si mísmo como outro*. Madrid: Siglo veintiuno Editores, 1996.

TUGENDHAT, Ernest. *O livro de Manoel e Camila:* diálogos sobre moral. Goiânia: Editora UFG, 2002.

INSTRUÇÕES PARA OS JOGOS

Fernando Menezes de Azevedo

Sobre os jogos

As narrativas são divididas em rotas. Cada rota possui uma parte da narrativa que servirá para conduzir a pessoa que está lendo à situação em que a personagem se encontrará, levando-a a compreender a sua situação atual, e, ao final de cada rota, dará à mesma uma escolha, que definirá por qual rota ela poderá seguir.

Cada escolha possuirá mais de uma alternativa possível, e sempre levará quem está lendo para uma situação completamente diferente das consequências geradas pelos caminhos alternativos. No total, a pessoa que está lendo passará por tantas escolhas quantas forem propostas em cada narrativa, alcançando um entre vários encerramentos disponíveis.

A seguir apresentamos uma estrutura dos jogos propostos. Considere cada círculo como uma rota, sendo os últimos círculos os encerramentos possíveis. Cada linha representa o trajeto, ou percurso, para onde a escolha a levará.

Gráfico dos Trajetos

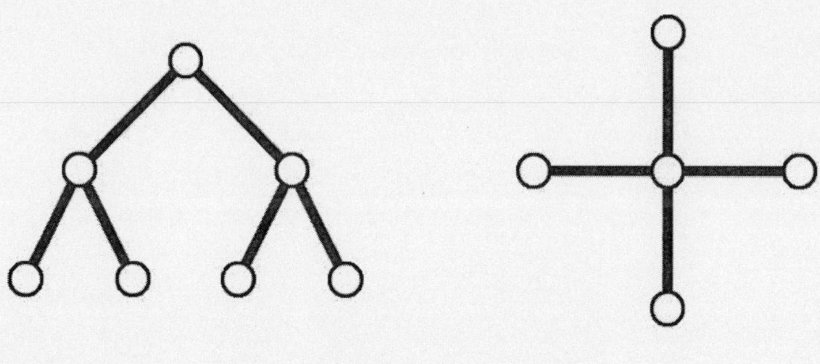

Fonte: o autor.

As narrativas podem se dividir em duas rotas, que levarão eventualmente a mais duas rotas, como no primeiro exemplo, ou se dividir uma única vez, terminando em apenas duas ou até quatro rotas, como no segundo exemplo.

Dito isso, tenha uma ótima leitura! E experimente as diversas possibilidades.

KAUÊ

Tanauã Dias Martins

Um jovem garoto indígena, com seus dezoito anos, estava sentado em ônibus de viagem. Ele parecia escrever algo, como se estivesse nervoso, se apresentando para as novas pessoas. No que ele escrevia podia ser lido:

Ah, longo dia hoje. Vocês devem estar pensando o porquê de eu estar ansioso aqui sentado nesse ônibus e olhar para todos os lados enquanto os outros parecem dormir em um tédio profundo. Bom, deixem-me me apresentar:

O meu nome é Kauê e eu venho de uma tribo de dentro da Amazônia brasileira. Atualmente o governo, com seu plano de aprender nossa cultura e nos integrar na sociedade, ofereceu bolsas de estudos para os melhores alunos. Eu fui o segundo colocado e isso me deixa feliz, mas meu avô acha que isso estaria corrompendo nossa visão da tribo, nossa visão do que somos. Ele diz que nós devemos manter a tradição, pois foi isso que fez todos os nossos costumes ainda viverem hoje em dia.

Meu avô é o pajé da tribo, ele sempre nos guiou no mundo de forma a lembrarmos dos deuses e da natureza e de como eles nos protegem do fim e da corrupção dos "conquistadores", o homem branco, como ele vive dizendo. Ele parece ser muito fiel a isso e não dá o braço a torcer, mas, sinceramente, eu entendo que ele só quer que nosso jeito não morra para o mundo. No fundo, ele nos ama e nos aceita como somos, mas é isso, ele tem medo de toda nossa cultura morrer, como muitas outras dos povos indígenas.

Eu não sei muito o que pensar sobre isso, mas eu quero descobrir um jeito de proteger nosso povo disso, para que ele não seja engolido. E, de alguma forma, garantir que nada de ruim ocorra.

Aos poucos, enquanto Kauê pensava, o sono da longa viagem bateu em sua cansada mente. Ele entrou em um sonho no qual lembrou do último discurso do seu avô antes de partir. O discurso era mais ou menos assim:

"Nossos tempos são difíceis e vivemos em um mundo onde o novo quer desesperadamente destruir o antigo e cravar o seu caminho com a violência de um conquistador. Não podemos esquecer que foi com esse discurso que muitos dos nossos antepassados foram caçados e escravizados por um povo desconhecido que vinha com promessas de muita evolução e prosperidade.

Mas nós sobrevivemos. Os que sobreviveram foram seguindo os caminhos que os deuses deram para a gente. Foi seguindo nossa ligação com essa terra e com esse mundo que conseguimos combater cada adversidade! Cada segundo a natureza respira e nos dá vida! Não devemos abrir mão do que somos, do que nós sempre fomos pelo conforto que os conquistadores oferecem.

Meus filhos, na celebração de hoje, eu peço aos deuses e à natureza para que isso esteja no coração de cada um de vocês. E lembrem-se disso."

Quando Kauê acordou, ele se viu na frente da república onde ficaria, ela se chamava República do Sol Poente. Ele olhou para lá e deu um pequeno sorriso enquanto pegava suas coisas. Dentro da sua mente ele maquinava, pensando: "será que meu avô estava certo? Será que o homem branco e seu estilo de vida são tão ruins assim? Será que eu devia me manter afastado disso o máximo possível e tentar ajudar o meu povo do jeito que meu avô imaginava?". Talvez, era uma possibilidade.

Ele ainda ponderou: "mas o mundo está cada vez mais indo para frente, e se o meu povo não se adequar e se adaptar, ele certamente vai ser engolido pelo mundo atual. E o meu povo vai ser esquecido sem nem ao menos tentar e deixar uma marca no mundo novo. Uma marca que talvez, num passo, outra visão era possível".

Kauê se indagava enquanto caminhava para o local. Ele tinha muitas coisas para pensar, mesmo não sabendo muito bem o quê.

Ajude Kauê, o que você acha?

(1) O avô dele está certo? As tradições indígenas devem ser abraçadas e deve-se esquecer a sociedade moderna para protegê-las?

(2) Ou isso não é a solução? O mundo, sendo agora como é, torna-se impossível seguir por esse caminho, logo abraçar a sociedade moderna é um meio, talvez o único, da cultura sobreviver?

(1) Decidindo que o avô estava certo, Kauê resolveu que seu tempo na sociedade do homem branco seria uma forma de encontrar um jeito de proteger seus parentes e suas tradições. Ele então começou a se preparar para as aulas. Ele demorou um pouco para se adaptar sem se incomodar com os costumes dos outros moradores da república, mas, como ele era um recém-chegado, não se sentiu no direito de dizer o que fazer. Afinal de contas, ele não era como os "conquistadores".

Apesar disso, ele estudava com afinco. Conheceu seus colegas, com muitas ideias diferentes e muitos interesses sobre seu povo e sua cultura, assim como com muitas piadinhas também. Kauê se sentia meio irritado às vezes com isso, mas, assim como aprendeu com seu avô, tentava seguir o princípio da calma e da gentileza sempre que possível. Claro, algumas vezes, ele perdia a paciência, mas, com o tempo, isso passou.

Conforme a metade do semestre foi chegando, Kauê ficou entre os quatro mais bem colocados em notas dos seus colegas. A avaliação do próximo período seria bem simples: um debate em que seriam avaliados os argumentos de equipes. Nosso indígena foi escolhido para ser líder de uma das equipes de debate e o professor sorteou o assunto sobre reservas indígenas e economia. Uma dicotomia existente sobre a qual muitos dizem que, para que a economia do país triunfe mais, as reservas devem ser extintas ou diminuídas para a mineração ou até mesmo para as plantações.

Kauê teve a prerrogativa de escolher defender ou atacar as reservas. Seguindo os ensinamentos do seu avô, ele escolheu proteger os indígenas, como muitos esperavam. Não demorou muito para a divisão de tarefas, mas concluíram que muitas das informações teriam que ser filtradas por alguém com conhecimento, e Kauê ficou com esse trabalho de filtrar informações verídicas e inverídicas para decidir a estratégia no debate e no "julgamento" que seria feito. O garoto tinha uma decisão complicada enquanto estudava todo o material que recebia. Muitas eram mentira, mas poderiam ser manipuladas para parecer verdade. Outras eram apenas verdade. Ele não sabia decidir.

O que acha que Kauê deve fazer?

(1-A) Decidir usar as informações mentirosas de forma manipulada para ganhar o caso de qualquer forma possível e proteger as suas tradições, custe o que custar, mantendo-os fora de qualquer jeito e, dessa forma, evitando "forçar" seu povo à civilização brasileira?

(1-B) Ou decidir utilizar apenas o que é verdade e factual, sem mentir ou omitir nada, tentando achar um meio-termo justo para a tradição do povo sobreviver, mesmo que de outra forma?

(2) Decidindo que seu avô tinha uma visão fechada sobre o assunto e que o mundo de hoje certamente engoliria seu povo e suas tradições se eles não seguissem o ritmo da sociedade atual, Kauê resolveu aceitar vir para a cidade e aprender mais sobre a sociedade dos "conquistadores", assim como proteger seu povo de alguma forma. Foi com essa mentalidade que o garoto decidiu seguir seus estudos.

E, assim como o Direito, ele tentava entender a história e os costumes da sociedade moderna. No início, muitos dos costumes do seu povo eram diferentes demais dos de seus colegas da república, mas uma das coisas que Kauê mais gostou foi de algo chamado "ar-condicionado", que já havia sentido no ônibus que o havia trazido para o local. Realmente, a visão purista do seu avô fazia tudo isso parecer ruim, mas o pouco que experimentou era bom.

Justamente isso fez com que Kauê se adaptasse muito bem. Ele não era "fresco" com as coisas novas e experimentou muitas delas, se adaptando rápido à tecnologia e a tudo mais. Ele era bem aberto às coisas que lhe apresentavam e rapidamente fez vários amigos. Mas também era dedicado e, apesar das muitas oportunidades e festas a que foi convidado, o garoto conseguiu manter o foco nos estudos e, com isso, conseguiu uma boa nota no início de semestre. O trabalho a seguir era interessante.

Os quatro melhores alunos iam formar quatro times e haveria disputas de argumentos opostos. Um dos assuntos era proteger ou atacar o assentamento de reservas indígenas legalmente. Muitos acreditaram que ele escolheria defendê-las, mas, como ele estava querendo um contraponto do que sempre aprendeu, Kauê decidiu que escolheria o lado oposto, o que causou certa surpresa e rebuliço entre seus colegas.

O grupo então começou a trabalhar em reunir provas e leis para provar seus pontos. Muitos argumentos que acharam eram fracos e de pouca qualidade para o caso, mas, como conhecia muito bem seu povo, ele poderia usar esses argumentos de forma quase vil para atacá-los e ganhar o caso, forçando uma mudança em todo paradigma de vida das pessoas da aldeia, se isso fosse real. Porém, ele poderia se ater apenas à lei e aos fatos de manipulação, mas as chances de ganhar eram poucas. Ele não sabia o que decidir. Ele estava em conflito e em dúvidas.

O que acha que Kauê deve fazer?

(2-A) Manipular as informações para ganhar o caso a qualquer custo e forçar que os indígenas tenham que se adaptar ao mundo atual contra a vontade deles de forma abrupta, indo completamente contra o que sempre aprendeu?

(2-B) Ou utilizar apenas os dados e as leis corretas, formando assim um caso sólido (porém que dificilmente ganharia, visto as inúmeras leis de proteção aos indígenas), usando uma abordagem neutra de lenta assimilação e proteção aos seus costumes? Ou talvez até achar um jeito de proteger a cultura deles?

(1-A) Quando pegou as informações, ele viu que, para proteger seu povo, precisaria de todas as armas possíveis para garantir uma vitória. Os dados eram confusos, mas, como conhecia muito bem sua cultura, ele poderia usá-los muito bem.

Os dias passaram com Kauê planejando a sua defesa. Era ambicioso o que ele planejou, pois colocava vários argumentos ambientais e, ao mesmo tempo, culturais em questão. Ele sabia muito bem que levar para um lado mais tendencioso e emotivo para as pessoas ajudaria a tomarem a decisão. E seu discurso era bem preparado para esse lado.

Ele tinha um dom, suas palavras encantaram o público que lhe assistia. A paixão e proficiência com o assunto, suas palavras e o modo como ele apresentava o fato e deixava praticamente tudo pronto para os seus colegas apresentarem fizeram com que ele ganhasse completamente o povo. Ele sabia muito bem que estava sendo tendencioso, mas era assim que deveria agir: apresentar seu caso da melhor forma possível, não importando o quê.

Com isso, ganhou o caso e foi uma lição que ele tirou para o resto da sua vida. Aos poucos, ele, dentro da faculdade e mesmo da sua vida profissional, fez isso. Ele sempre continou tentando defender o seu povo, mas, aos poucos, viu que o resultado dentro dos tribunais não era o suficiente e que ele precisava de leis mais justas para eles.

Com o passar do tempo, o garoto cresceu e se tornou um homem da política, que sabia que as reais mudanças passavam pelo Senado. Ele aprendeu muitas coisas, cresceu em sua posição política e hoje mesmo está ocupando uma cadeira do estado de Mato Grosso para que os interesses do seu povo sejam escutados. Muitos dizem para ele alçar sua carreira para o executivo. Kauê sabe muito bem que seu lugar para ajudar melhor seu povo é no Senado e lá ele ficará.

(1-B) Kauê decidiu ir pelo caminho mais difícil, juntar os fatos e ser lógico. O caso era difícil e muitos dos argumentos usados pelo adversário eram talvez falácias, ou até mesmo apelativos, mas não tinha como refutar isso com fatos, pensou, já que, cada vez mais que seu rival falava, mais as pessoas ficavam atentas às palavras dele e se encantavam pela história tecida.

Mesmo que ele tivesse a verdade factual e a lei do seu lado, isso de tudo não funcionou. Seu oponente era muito bom em argumentar. Suas palavras, suas mentiras, seu apelo à emoção. Ainda assim, com esse jeito, ele respirou fundo e focou, apresentando e desmontando cada mentira, cada apelo à emoção, quase que roboticamente, para evidenciar que não importavam nada os argumentos bonitos e vazios, se a lei e a lógica estavam ao seu lado.

Isso lhe garantiu a vitória. Não eram apenas fatos que ele apontava, ele também destrinchava mentiras que os outros mostravam, o que solidificou sua maneira de agir. Com isso, o jovem indígena moldou seu caráter e suas decisões pela frente, fazendo com que crescesse com fome de verdade e justiça. Não só isso, seu povo seria melhor defendido dessa forma.

Decidiu seguir os caminhos dos tribunais e estudou com afinco. Fez esforço para se tornar um juiz justo e utilizar suas decisões para moldar um futuro digno, garantir que as tradições do seu povo continuassem intactas e, assim, que a sociedade moderna se interessasse por elas. Foram muitas palestras e seminários que ele deu em seu tempo livre sobre isso.

Kauê se tornou um autor de vários livros sobre seu povo e publicou muitos artigos, unindo as decisões que seu povo tomava com alguns princípios jurídicos, pesando-os, mostrando como uma sociedade vista como "primitiva" tinha um conceito de justiça organizado e similar apesar de não parecer.

Dentro do seu âmago, ele desejava alcançar o Supremo Tribunal Federal e ajudar o povo a ver a importância de decisões justas na mais alta instância de um tribunal, a ver que você não precisava se sujar com discursos falsos e política para mudar a sociedade e o mundo, a ver que, com trabalho duro, fatos e verdade, daria para unir a tradição de vários povos.

Bastava trabalhar e acreditar.

(2-A) Sabendo que precisava ser bem convincente, ainda mais porque estava indo contra si próprio, Kauê fez com que sua equipe se recuperasse e fosse atrás de cada dado da economia e de como a realocação e a integração dessas pessoas seriam úteis para o país como um todo, e de como as reservas eram um atraso para o progresso do Brasil. Como a bandeira dizia "Ordem e Progresso", ele precisava colocar tal ordem nessa situação. Era preciso achar um meio ordenado.

Enquanto sabia que poderia não vencer com a lei, pois ela protegia demais os indígenas, ele também sabia que, com o discurso certo, ele poderia fazer as pessoas ponderarem que essas leis, ainda nos dias de hoje, se tornam ultrapassadas, tendo em vista as inúmeras crises econômicas que o país vem sofrendo.

Ele precisaria mostrar que, com um trabalho correto, de leis e argumentos certos, poderia ser feita essa transição sem problema nenhum. Quando o dia do debate chegou, Kauê usou de todos os argumentos técnicos e de suas lógicas infalíveis, demonstrando que, se a realidade do país era realmente essa, eles precisavam dos indígenas para sobreviver. Sendo eles parte do país, esse era um dever quase cívico deles.

E o debate se desdobrou bastante. Kauê sabia que não venceria o julgamento, mas ele viu que muitas pessoas se convenceram de suas palavras e, com isso, decidiu que, talvez, conhecer o Direito e como falar com as pessoas fosse o caminho. Ele decidiu que o Direito, ser um advogado, era um meio de fazer isso. Se ele conseguisse representar as pessoas e as empresas certas, ele poderia fazer essa mudança.

Na visão dele, era preciso mergulhar fundo nas tradições do povo dele enquanto muitas oportunidades e uma nova vida estavam esperando-lhes. O mundo eventualmente ia atropelá-los e Kauê havia notado isso. E o único jeito de salvar o seu povo era se eles realmente abraçassem esse novo mundo.

Algumas tradições teriam que morrer para isso.

(2-B) Então, ele decidiu que precisava fazer com que seu povo se atualizasse e tivesse uma chance com o mundo novo. O povo precisava aprender, o povo precisava entender. Captando todos os dados e informações, Kauê decidiu apresentar seus argumentos, de forma didática, para as pessoas.

Ele foi direto, sabia muito bem que os dados apresentados não eram suficientes para ganhar o caso, mas eram importantes e relevantes para tanto as pessoas entenderem por que seria benéfico quanto para eles aprenderem as coisas.

O garoto então viu que muito do que ele falou, muitos dos dados que ele mostrou fizeram as pessoas entenderem. A conclusão do julgamento foi uma perda de causa, mas o debate foi mais benéfico para o seu ponto de vista. Muitos entenderam o que ele queria passar e como ele queria passar de uma forma bem justa, demonstrando principalmente como os indígenas da América do Norte fizeram para se juntar à sociedade e ainda manter suas tradições.

Senhores de cassinos e com muito dinheiro usaram essa influência para garantir leis e políticas que protegessem seu povo. Lá, dentro das terras indígenas, as leis deles são as que prevalecem. Era um jeito esperto de fazer algo pela situação do seu povo, ainda mais com o avanço de políticas predatórias pelas quais o país estava passando.

Para protegê-los, ele precisava inovar. Ele precisava achar um novo meio para que as tradições vivessem de mãos dadas com a inovação. Porque talvez o único meio de os manter protegidos era através da harmonia. A harmonia do antigo com o novo, de forma que não abandonassem o passado nem rejeitassem o que estava por vir.

A GRANDE PEÇA

Tanauã Dias Martins

– Vocês não entendem! Isso não é uma boa ideia. Vocês estão deixando o que são, por quê? Uma ilusão de conhecimento e fama?

Dizia Mary, a garota exasperada pela oferta que os três recebiam. Estavam naquele grande palco. A máscara amarela e as duas máscaras femininas estavam no palco. Nas sombras daquela plateia anormal, com sorrisos tortos e deformados, a ponto de que não pareciam humanos, estava aquele ser. Seus braços alongados e seu corpo esquisito pareciam se mover como um polvo, como que flutuando no ar; seu pescoço parecia uma cauda preênsil, revelava a cabeça careca, com um sorriso sem olhos, apenas os dentes pontiagudos como de um predador, naquele sorriso enlouquecido. A criatura admirava enquanto os três discutiam.

O garoto asiático foi o primeiro a responder, olhando para a garota:

– É um conhecimento muito além daqueles que sabemos. É conhecimento! Vale um pequeno sacrifício para ir atrás de todo o conhecimento que o universo oferece, não é?

– Mas, Lee, você não poderá aplicar esse conhecimento!

– Não sabemos qual é esse conhecimento? Como sabe, se não podemos aplicá-lo?

Mary mordeu o lábio inferior, enquanto isso Bob, um homem negro, que sangrava por um dos seus olhos e pelo outro escorriam lágrimas, caminhava em direção à máscara amarela. Ela tentou segurar Bob, que falou simples:

– Foi minha culpa, a morte do meu irmão. Se eu tivesse mais condições de salvá-lo... se eu fosse famoso, se eu tivesse dinheiro, com isso, eu posso salvar toda minha família. Com isso, aqueles que eu amo não precisarão mais sofrer neste mundo!

– Mas, se você abrir mão de quem você é, você não vai ter muito de si mesmo para se importar com eles ainda. Quem garante que ainda vai sentir o mesmo? Com certeza não aquela criatura. Por favor, Bob... por favor!

Mas não parecia que o implorar de Mary dissuadisse os dois homens. Primeiro, Bob e, depois, Lee: ambos pegaram a máscara. A criatura abriu ainda mais o sorriso monstruoso, como se sua *Magnum Opus* estivesse a ponto de chegar ao seu ápice. E, como um tornado de fitas amarelas cobrindo Bob e uma sombra cobrindo Lee, a terceira máscara se movimentou sozinha, como uma aranha com suas patas sendo fitas estranhas que saíam para prender o rosto de alguém. Ela se jogou na direção do rosto de Mary. Enquanto todos estavam entorpecidos pelo que se sucedia, a criatura virou o rosto para uma outra direção e disse, como se encarasse diretamente para fora das páginas desta história:

– Qual caminho você quer seguir, pequeno humano? O do Conhecimento? O da Fama? Ou o da Humanidade?

O caminho do conhecimento

Assim que seu cérebro decide seguir o caminho do conhecimento, o corpo de Lee é tomado por aquela escuridão, que, lentamente, parte, pedaço por pedaço, todo seu ser. "Lee" não era mais "Lee". Era parte de algo maior. Ele podia ver o agora, o depois e o antes. A consciência dele se misturava com muitas outras. Ele podia entender tudo, ele podia ver tudo. Mas, ao mesmo tempo, ele se juntava a esse tudo.

Não era doloroso, mas, se fosse, também era uma coisa ínfima com a quantidade de informação que era absorvida por ele, ou ela. Na verdade, o que definiria melhor o que ele se tornou era "isso". Conforme a consciência continuava a viajar por todo aquele cosmos, ele não conseguia mais lembrar de quem era, mas das várias outras pessoas ainda conectadas.

Ele conseguia ver o futuro dos amigos que foram com ele e, em um esforço de tentar avisá-los, ele se agarrou um pouco ao que fazia; ele era, ainda, uma pessoa. Embora, com todo o esforço, falhou. Ele era puxado cada vez mais para dentro daquele turbilhão de informação. O tempo era irrelevante agora: passado, futuro, presente.

"Um pouco mais, me deixa chegar um pouco mais...", ele desejou. Mas logo os desejos foram consumidos. Ele não era mais uma unidade, mas, sim, um coletivo. Ele não tinha mais desejos. Com o fim disso, Lee, finalmente, entendeu tudo. E abraçou o que ele era e abandonou o que deixou de ser.

Naquele momento, aquele que procurou conhecimento acima de tudo encontrou o que procurava. Mas abandonou tudo o que era e, nesse momento, todo o conhecimento do mundo, que ele tanto buscara, se tornou irrelevante. Não fútil, já que ele não se importava mais com nada, já que ele já não existia mais.

O caminho da fama

Ao tomar aquela máscara branca nas mãos, as fitas amarelas do manto ao redor de Bob produziam uma dor lancinante; cada nervo do seu corpo era invadido por uma sensação de contração, ao mesmo tempo que as fitas rasgavam a sua pele. Seus últimos momentos de consciência foram de dor. Enquanto ele olhava os amigos que foram até ali com ele, ele se afogava no arrependimento, mas já era tarde demais.

A coroa bem colocada na máscara reluzia e o rei, quando tocou a face de porcelana da máscara, sorriu por baixo. Enfim, ele deixou a sala, fazendo um sinal para a outra criatura se livrar do resto. Com isso, o manto mudou e, naturalmente, ele assumiu a forma de outra pessoa e depois de outra, usando o corpo de Bob como seu hospedeiro, tempo após tempo, chegando ao poder, em uma espécie de comunidade para jogar ao caos. Muitos países da África tiveram a ascensão de um rei ou lorde da guerra, prometendo ordem e jogando mais e mais países em conflitos, ainda mais depois de deixar o local e ver seus servos.

Esse caos, essa adoração era uma deturpação do que Bob realmente desejou. Ele queria ser um *blues man* famoso, dar orgulho para a sua família e que todos o reconhecessem, mas agora a criatura, o Rei em Amarelo, usava seu corpo como uma espécie de casca para seus próprios objetivos sórdidos. Fama era uma das mais traiçoeiras amantes e, ao aceitar entregar tudo que ele era por fama, ele também aceitou deixar de ser quem ele era para ser reconhecido.

Silenciado, mas vivenciando tudo como uma espécie de tortura eterna, ele via a adoração dirigida à sua imagem, porém, ao mesmo tempo, os horrores que essa adoração causava. Possuía um angustiante desejo que isso acabasse, mas ele sabia que apenas acabaria com uma coisa… quando alguém tão tolo como ele tomasse a mesma decisão que ele tomou ao colocar aquela máscara…

O caminho da humanidade

Mary deu um passo para trás, aquela máscara não era para ela. Ela se arrepiou quando viu seus dois amigos sendo consumidos pelas suas escolhas e isso fez com que ela desse mais passos. Um pequeno tropeçar no palco e a escuridão tomou conta dos seus olhos. Com isso, ela acabou acordando em sua casa, mais uma vez. Aquela era a falsidade que ela mesma criou para se iludir com luxo. O suor ainda banhava seu corpo e, com isso, ela abriu a porta. Tudo trivial, tudo normal.

As memórias ainda martelavam na sua cabeça, quando procurou as correspondências que ela trocou com Lee e Bob, mas nenhuma mais estava lá. Nem mesmo conseguia lembrar dos rostos deles ou de pessoas relacionadas a eles, mas conseguia lembrar que eles existiam. Ela se agarrou ao que era. Ela, com o passar do tempo, esqueceu desse fato. Talvez um pesadelo distante. Ela viveu uma longa vida e enfim morreu.

E, então, acordou de novo em seu quarto, no mesmo dia que havia acordado quando encontrou a peça do Rei. As memórias de Bob e Lee voltavam e ela colocou a mão no rosto. Ela lembrava de uma outra vida completamente diferente. Seria apenas um sonho? Ou aquilo era mesmo um sonho? Estaria ela em um pesadelo? Em silêncio, com o passar dos dias, ela se deixou levar para uma nova vida, diferente da outra. Ela arriscou mais e os muitos vícios adquiridos nessa vida a ceifaram cedo.

E ela acordou de novo no mesmo momento. Tudo rodopiava em sua mente. Aos poucos, se deteriorando em sua infinita humanidade, Mary se viu quebrar pouco a pouco. Olhando no espelho, ela quase conseguia ver o semblante da criatura sorrindo, com sua boca distorcida. Ela retirou a própria vida. Não adiantou.

Ela se deixou ser morta por outro, não adiantou. Apenas as dores e as infinitas lembranças ficaram com ela e sua única companhia era a sala acolchoada em que ela ficava, pouco a pouco, até ser esquecida. Até ser abandonada. Infinitamente ligada à própria vida, à própria humanidade.

OS DILEMAS DE ROGER BARCELOS

Fernando Menezes de Azevedo

Início

– Mais uma vez... – resmungava Roger Barcellos, ao encarar o fulgor do sol da manhã que atravessava a janela de seu quarto e dirigia-se a seus olhos.

Ainda procurando por uma estabilidade financeira, Roger, diariamente, buscava uma solução para o atual momento de sua vida. A economia do país estava em uma situação realmente precária, com empregos sendo difíceis de adquirir e, mais ainda, de mantê-los, mas ele não podia perder a calma, afinal, havia alguém que dependia dele. Todo dia, antes de sair para procurar trabalho, ele olhava para a garotinha que se deitava ao seu lado; ele tanto sonhava com o dia que conseguiria dinheiro o bastante para obter uma casa maior e dar a ela um quarto como ela tanto sonhava. Bianca era o nome daquela que ele considerava sua filha. Em uma noite que chovia, torrencialmente, no bairro pobre em que ele morava, ele ouviu um som, que parecia ser o choro de uma criança pequena, e, ao se aproximar, Roger percebeu que não estava errado. Havia um bebê, uma menina, enrolado em um cobertor e atirado em um latão de lixo, em um beco, não muito longe de sua casa.

Roger podia ser pobre e despreparado para cuidar de uma criança, mas nem ele seria capaz de virar o rosto para tamanha crueldade feita a alguém tão pequena e indefesa. Roger levou-a para sua casa, e, buscando regularizar a adoção, aprendeu, à base de tentativa e erro, e da ajuda de um amigo muito especial, tudo que ele precisava saber para cuidar e educar a pequena menina, que resolveu chamar de Bianca, devido à cor excessivamente branca de sua pele.

O passar dos anos fez com que os dois criassem um laço muito mais profundo do que o de um pai e uma filha. Tornaram-se inseparáveis, sempre dispostos a ajudar um ao outro e a serem os mais esforçados e pacientes que eles pudessem ser, em suas determinadas tarefas. Roger sempre se orgulhava ao ver as notas altíssimas de sua garotinha no colégio público em que ela estudava. Ele não poderia ficar para trás e deixar de mostrar uma boa performance em seu trabalho, assim que conseguisse um.

Seu trabalho anterior exigia uma carga horária realmente excessiva, fazendo com que Roger chegasse tarde em casa, e com que Bianca, em consequência, ficasse sozinha por boa parte do dia.

Os dias passaram, até se tornarem semanas. Em pouco tempo, faria mais um mês desde que Roger havia saído de seu último emprego, devido a demissões. O salário poderia ser bom, a ponto de ajudá-lo por um tempo, mesmo desempregado, mas o tempo que o mantinha longe de Bianca, fazendo com que ela precisasse criar independência tão cedo, cortava seu coração.

Seu objetivo, no entanto, era acumular o dinheiro necessário para poder melhorar sua condição financeira e poder dar a sua filha qualquer coisa que ela pudesse querer, não apenas por achar que ela certamente merecia, mas, também, como uma forma de redenção, por vê-la assumir os trabalhos da casa tão cedo. Ainda assim, a infância de sua filha estava passando, e não havia como não pensar o quanto de convivência com ela seria perdida em outro emprego bem pago, porém altamente consumidor de seu tempo.

– Se cuida, pai! Tenha um ótimo dia de procura! – dizia Bianca, sorridente, como todos os dias, enquanto ia para a escola.

No entanto, muitas palavras poderiam ser usadas para definir o que foi seu dia, e "ótimo", com certeza, não foi uma delas. Duas grandes oportunidades apareceram, ambas consideráveis, mas de nenhuma forma perfeitas. Uma entrevista de emprego se mostrou muito bem-sucedida, abrindo a possibilidade de trabalhar na cozinha de um bar, recebendo um salário razoável e tendo tempo de sobra para passar com sua família. Também havia a possibilidade de substituir uma pessoa na empresa em que seu grande amigo Paulo Guimarães trabalhava há um bom tempo, com um ótimo salário e estabilidade, porém com um tempo consideravelmente grande de trabalho. Contudo, a pessoa que estava para ser substituída ainda poderia manter seu emprego sem a interferência de Roger, mas a possibilidade de tomar seu posto se abriu para ele.

Paulo sempre fora um grande amigo para Roger, talvez até o seu melhor, desde que ambos eram muito jovens. No entanto, ele conseguiu a oportunidade de ingressar em uma faculdade, e isso o levou a conseguir um ótimo trabalho na mesma empresa. Bianca o considerava um tio, já que ele visitava ambos sempre que podia, e foi de grande ajuda a Roger quando ele a encontrou no lixo.

Sempre que algo ia além de sua capacidade de cuidar de Bianca, ainda criança, era sempre Paulo que o ajudava com o uso da internet para consultar informações. Roger sempre carregou um grande sentimento de gratidão por seu amigo, e lá estava ele novamente abrindo uma possibilidade para Roger.

A vaga na cozinha, no entanto, não teria uma entrada menos conturbada. Havia competição na vaga que Roger queria com alguém claramente mais experiente que ele para o posto. Porém, através do contato que possuía na empresa, Roger poderia alterar o seu currículo, de forma a parecer que ele possuía mais experiência do que de fato tinha e, ainda, mais que a outra pessoa que estava competindo, fazendo sua entrada praticamente garantida.

Roger não poderia ficar mais tempo sem emprego. Ele precisava tomar uma dessas vagas, independentemente da circunstância, mesmo que envolvesse tirá-la de outra pessoa ou mentir sobre sua experiência de forma a criar uma entrada. Além disso, havia a situação de tempo... deveria ele passar mais tempo com Bianca ou garantir uma melhor estabilidade e maior entrada de renda?

O tempo estava correndo e Roger precisava fazer uma escolha urgentemente.

– E agora?

Se quiser que Roger escolha a estabilidade financeira e tome forçadamente a vaga de outra pessoa, vá para a **Rota 1**.

Se quiser que Roger escolha o tempo e minta sobre seu currículo para entrar no lugar de outra pessoa, vá para a **Rota 2**.

Rota 1

– Roger, estamos indo almoçar agora. Você vem também? – perguntou Paulo, seu amigo.

Já fazia cinco anos desde o dia em que Roger optou por uma escolha que mudaria sua vida. Com seu novo salário, a possibilidade de se mudar para um bairro melhor e, principalmente, adquirir uma casa maior, com um quarto para Bianca, finalmente se tornou real. Bianca estava feliz com seu quarto, mas uma coisa nunca deixou de ser clara para Roger.

– Eu sinto sua falta, papai. Eu te amo!

Não era incomum Roger ouvir isso toda vez que precisava passar o fim de semana fora, a trabalho. Poder trazer estabilidade para sua filha era definitivamente uma grande conquista, mas não poder passar tanto tempo com ela era, sem dúvida, um preço muito caro. Preço, no entanto, era um conceito que Roger nunca deixou de pensar, afinal, ele jamais soube o que aconteceu com o homem que perdeu o emprego para que Roger pudesse entrar e alcançar tudo que alcançou atualmente. Roger pensava se tais conquistas, realmente, deveriam ser suas, afinal, o que ele fez pode ser visto como um roubo, dado o fato de a saída da pessoa não ter vindo de um erro, ou de falta de mérito. A pessoa precisou ser sacrificada para que sua ascensão ocorresse. Roger, então, decidiu que jamais faria ou suportaria qualquer atitude desonesta e passou a tomar tal pensamento como sua mais nova virtude. O incerto destino da pessoa que havia perdido seu espaço e o tempo com sua filha, que havia sido também sacrificado no processo, seriam as provas da decisão que ele passaria a carregar daqui em diante.

Se havia algo, no entanto, que, apesar de tudo, deixava Roger feliz, era a possibilidade de conviver com Paulo. As memórias da infância e da convivência que ambos há tanto compartilharam sempre o faziam esboçar um sorriso, e tais lembranças sempre vinham à tona só de olhar para seu rosto despreocupado e passar um tempo mais presente com ele, como nos velhos tempos. Paulo, entretanto, possuía esposa e um filho pequeno. Logo, ele mesmo também não tinha tanto tempo livre após o trabalho, pois o tempo consumido de ambos já era grande.

Seu amigo Paulo jamais deixava de alegrar seu dia, até mesmo quando o tempo longe de Bianca o deixava frustrado e entristecido, mas Paulo jamais deixava de lembrar a Roger que, apesar de tudo, ele estava fazendo isso por ela e pelo futuro dos dois juntos. Tais palavras e atitudes o mantinham inspirado diariamente, até o momento que tamanha admiração, subitamente, passou a se tornar uma de suas maiores frustrações.

Ao fazer uma pesquisa aprofundada nos sistemas da empresa, a pedido de seu chefe, Roger descobriu provas que comprovavam algo que ele jamais suspeitaria. Paulo, seu amigo de infância, e a pessoa que o colocou para trabalhar ao seu lado, estava desviando dinheiro da empresa há um longo tempo e usou isso para acusar a pessoa cujo lugar Roger tomou (esse foi o motivo da demissão da pessoa). Esse foi um roubo pelo qual, na verdade, jamais foi responsável.

Roger não pensou duas vezes antes de colocar seu grande amigo contra a parede, exigindo que ele explicasse seus atos. A resposta de Paulo, no entanto, deixaria Roger profundamente intrigado. Paulo mencionou que fazia isso há muito tempo devido ao histórico ruim de ações indevidas da empresa, assim como boa parte de seus funcionários, agindo de forma cruel e opressora. O dinheiro desviado, geralmente, era usado para fazer doações a comunidades carentes, e, não apenas isso, mas, também, através da brecha no sistema, era possível abrir caminho para pessoas bondosas, que ele achava que mereciam uma chance melhor, assim como ele abriu o caminho para Roger e para outras pessoas antes dele.

Roger não gostava desse tipo de ação, mas um ponto realmente existia em suas decisões. Não só isso, assim como ele, Paulo tinha família, e fazê-lo sair por esse tipo de motivo seria perigoso demais para seu histórico, fazendo-o, provavelmente, ter sérias dificuldades de achar outro emprego, algo que Roger sabia muito bem o que era.

Roger havia prometido para si mesmo jamais permitir outra atitude desonesta, principalmente uma como a de Paulo, que estava fazendo algo que era certamente considerado um crime de tamanha gravidade. Sua motivação, no entanto, não era maldosa e poderia ser vista de fato como algo não tão grave, mas, ainda, era um crime que poderia eventualmente estourar e trazer consequências ainda maiores para ele e também para Roger, que, agora, estava ciente de tal situação, detalhe que sua entrada no sistema poderia comprovar e fazê-lo ser considerado como cúmplice. Roger precisava pensar tanto em sua promessa quanto em sua filha, que dependia dele.

– E agora?

Se quiser que Roger escolha sua Virtude e entregue Paulo para seu chefe e para as autoridades, vá para a **Rota 3**.

Se quiser que Roger escolha sua Caridade e permita que o dinheiro da empresa vá para pessoas carentes, vá para a **Rota 4**.

Rota 2

– Obrigada por estar sempre comigo, papai. Eu te amo!

Bianca nunca deixava de lembrar o quanto era bom estar com seu pai e o quanto queria poder seguir tendo tais momentos assim, sempre que fosse possível. Ela estava crescendo rápido e Roger sabia o quanto, cada vez mais, ela compreenderia que também estaria mais ocupada, e Roger poderia elevar seu cargo dentro do restaurante, e assim acabar tendo menos tempo.

Muitas coisas podem até ter permanecido iguais, como o apartamento pequeno, mas se há algo que Roger não poderia reclamar é o quanto os últimos anos foram proveitosos ao lado de sua filha. Sim, o dinheiro era importante, mas poder passar tempo com sua filha, sem dúvida alguma, não possuía preço que pagasse.

Através de alguns estudos a que Roger foi se dedicando, ele passou a ajudar na administração do lugar, até passar a ajudar seu chefe diretamente, tornando-se, assim, seu principal ajudante. Com isso, passou a receber informações importantes sobre planejamentos e pôde participar ativamente nas decisões. Quando um projeto de expansão se tornou possível, Roger sabia exatamente a quem chamar. Não havia um dia que Roger não pensasse na pessoa que estaria no lugar dele, caso ele, Roger, não tivesse optado por uma atitude desonesta, em prol de seu próprio bem. Roger não se orgulhava disso, mas compreendia a necessidade e a importância de ter agarrado tal oportunidade. Agora que o momento de expansão estava acontecendo, era hora de tentar ao menos oferecer ajuda, se a pessoa ainda precisasse e os dados ainda estivessem no sistema da empresa.

A expansão foi bem-sucedida e Filipe, a pessoa cujo lugar de direito Roger havia tomado, estava agora na cozinha, onde deveria ter entrado desde o início. A administração precisaria de ajuda, e Roger havia tomado tal posto, deixando seu lugar para Filipe, que, agora, estava na cozinha com Leonardo e mais outras duas pessoas.

Roger conseguia ver o quão próximos Leonardo e Filipe estavam se tornando, afinal, ambos possuíam diversas semelhanças entre si. Leonardo possuía um filho pequeno e estava com grandes dificuldades de equilibrar contas para cuidar dele, enquanto Filipe ajudava a manter as contas e a organização de um asilo, quando não estava na cozinha, onde sua vó e tantas outras pessoas idosas moravam. Assim como Roger, ambos tinham alguém que dependia de seus cuidados.

O tempo passou de forma agradável, com o restaurante se mantendo bem por um longo tempo. No entanto, eventualmente, a expansão viria a trazer um grande problema e tornaria necessária uma grande regressão com o intuito de amenizar os gastos, de forma a impedir o restaurante de quebrar.

O salário de Leonardo era consideravelmente alto, e não seria possível reduzi-lo sem ser através de demissão. Ele, no entanto, ainda era a pessoa mais experiente e qualificada no ramo, mas mantê-lo empregado necessitaria da demissão de Filipe e dos outros dois funcionários remanescentes. A cozinha certamente estaria bem das duas formas, mas os pensamentos de Roger estavam nas pessoas.

Leonardo era incrível o bastante para ajudar a segurar a cozinha, tendo o auxílio de Roger, assim como Filipe e as outras duas pessoas, que também, facilmente, dariam conta do recado. Roger, no entanto, se preocupava com a condição de Leonardo, tendo um filho para cuidar, assim como pensava que, mesmo que o caso de Filipe fosse mais seguro, por terem mais pessoas ajudando a ele e ao asilo, não demitir Leonardo consistiria em deixar três pessoas sem trabalho, as quais também possuíam suas necessidades e pessoas que dependiam de seu esforço e salário.

– E agora?

Se quiser que Roger escolha sua Empatia e decida manter Leonardo na equipe, vá para a **Rota 5**.

Se quiser que Roger escolha sua Simpatia e decida manter Filipe e os outros dois cozinheiros na equipe, vá para a **Rota 6**.

Rota 3

– Paizinho, você se sente bem? – perguntava Bianca, preocupada.

Nove anos se passaram, Roger ainda pensava na decisão que havia tomado. Seu destacável empenho em seu trabalho e o encontro de uma brecha tão grande no sistema o levaram a crescer em sua carreira e até mesmo conseguir o cargo de chefe, após a demissão de Paulo.

Paulo, no entanto, desapareceu. Roger entregou suas ações após um tempo, como ele havia requisitado. Nesse tempo, ele e seu filho sumiram e provavelmente estavam bem longe, talvez nem mesmo no país.

Estando com a empresa em seu controle, Roger agora podia fazer as doações a pessoas carentes e fazer a devida punição a atitudes indevidas, de forma legal, sem nada que pudesse ser considerado um crime. Ele pôde fazer um trabalho ainda melhor que o que Paulo fazia, e isso era incrível, mas algo estava faltando.

Roger sentia um vazio. Ele não estava feliz pensando no que seu melhor amigo poderia passar nesse momento. E se algo deu muito errado? Roger jamais saberia.

Seguir sua virtude ainda foi o que Roger achava que deveria ter feito, mesmo que isso envolvesse passar por cima da pessoa que havia lhe permitido estar lá. Roger havia feito uma promessa a si mesmo, e é essa virtude que ele pretende levar pelo decorrer de sua vida.

Se um caminho deve ser seguido, que seja um caminho de Segurança. Que o bem seja feito sempre, e que toda a possibilidade de ajudar as pessoas seja devidamente aproveitada e efetuada, mas sem ultrapassar limites que possam causar problemas em ambos os lados.

E que Paulo perdoe Roger por sua decisão, mas tal atitude se fez necessária por um bem maior.

Fim A

Rota 4

– Paizinho, pare de pensar tanto nisso! – dizia Bianca, preocupada.

Por nove anos, Roger e Paulo usaram a brecha do sistema para procurar ajudar pessoas que precisavam, assim como Paulo um dia havia ajudado Roger.

Pessoas claramente cruéis e egoístas aos poucos foram sendo mandadas embora em prol da entrada de pessoas bondosas, que precisavam de uma oportunidade para sair de uma situação ruim.

O chefe da empresa jamais foi capaz de entender o que havia de fato acontecido, mas o cuidado de Paulo sempre foi considerável, e os desvios jamais foram de tamanho grande a ponto de perceberem algo preocupante. Eventualmente, através de muito trabalho e confiança, Paulo tomaria o cargo de liderança da empresa, após o antigo chefe pedir demissão.

Mais dois anos se passaram desde tal mudança de direção. Roger, sem o conhecimento de Paulo, procurou se manter informado do destino de diversas pessoas que acabaram saindo por suas intervenções. Por mais que certas pessoas agissem de forma ruim e indevida, Roger não se sentia bem ao ver quantas dessas pessoas acabaram em situações bastante semelhantes com a que Roger estava antes de sua entrada em tal lugar, com a intervenção de Paulo.

Ambos diziam que isso era necessário, por um bem maior, mas Roger se perguntava, muitas vezes: "quem sequer eram eles para decidirem isso? Quão dignos ou quanta razão de fato possuíam para intervir na vida de pessoas daquela maneira?" Essas eram perguntas que Roger jamais deixaria de fazer.

Roger possuía uma virtude, que ainda pretendia levar em frente em sua vida, de jamais cometer ações desonestas ou indevidas, mas estava agora condenado a viver eternamente com uma grande dor em sua consciência, sabendo que, por boas razões, estaria indo contra tal virtude.

Apesar de tudo, Bianca estava bem, cada vez maior e mais responsável, e seu melhor amigo parecia feliz e sempre fazendo o melhor pelo seu filho e o máximo de pessoas possível. Que sua consciência um dia lhe dê paz e o perdoe por sua traição, mas tal atitude se fez necessária para um bem maior.

Fim B

Rota 5

– Paizinho, o que você pensa em fazer hoje? – perguntava Bianca, curiosa.

Por sete anos, Roger e Leonardo seguraram a cozinha do restaurante com uma grande quantidade de esforço e empenho. As condições não eram boas, e ter que mandar três pessoas embora acabou sendo realmente muito pesado para a consciência dos dois, mas, dada a situação do restaurante, acabou sendo o único jeito.

Para apenas duas pessoas era, sem sombra de dúvidas, bem difícil manter uma cozinha de um estabelecimento daquele tamanho, mas tanto Roger quanto Leonardo possuíam bastante experiência e, além disso, motivação. Roger sabia e compreendia completamente como era estar no lugar de seu parceiro, com uma criança dependendo de seu esforço, sendo tal fator o principal responsável da grande sintonia que ambos criaram.

A vantagem de trabalhar em um restaurante era sempre ter uma nova aventura, principalmente quando a chance de cozinhar com Bianca aparecia. Já uma adolescente, sua filha passou a criar um grande interesse por gastronomia e jamais perdia a oportunidade de cozinhar ao lado de seu pai.

Em situações de dificuldades, ter um emprego era sempre uma dádiva, e Roger jamais poderia deixar de agradecer pelo trabalho, que lhe permitia passar muito tempo com sua filha, acompanhando seu crescimento. Certamente, após ver tudo que havia acontecido, não havia preço que pagasse a convivência que ele podia ter ao seu lado.

Roger às vezes pensava em tudo que poderia dar para Bianca, caso possuísse um emprego melhor. Sabia, contudo, que crescer financeiramente não viria sem o custo do tempo que ele havia adquirido, algo que Bianca também estava ciente e, certamente, não faria tal escolha se isso significasse ter menos tempo com Roger. No entanto, ele ainda pensava nas pessoas que havia demitido.

Seus destinos foram sua escolha, mas não haveria o que ser feito com as limitações que ele possuía. O que restava a ele, infelizmente, era apenas torcer que Filipe e as outras pessoas tenham tido sorte em seus trajetos, afinal, sua atitude foi necessária pelo bem de uma família.

Fim C

Rota 6

– Paizinho, o que você está pensando tanto? – perguntava Bianca, curiosa.

Sete anos se passaram desde que Roger se viu obrigado a mandar Leonardo embora. Com a liderança de Roger, Filipe e as outras duas pessoas pegaram o jeito rapidamente e conseguiram preencher o espaço que Leonardo tomava.

Com o tempo, o local foi se restabelecendo, enquanto Roger mantinha a esperança de trazer Leonardo de volta. Roger se preocupava com sua situação, muito parecida com a dele, mas três pessoas indo embora o preocupava ainda mais, o que o levou a optar por ter menos pessoas na rua.

Leonardo, no entanto, havia desaparecido. Roger entrava em pânico só de pensar o que poderia ter acontecido. Ele pensava em como estava, antes de entrar no restaurante: em pânico por não ter conseguido uma oportunidade e disposto a tomar atitudes ruins para que pudesse cuidar de sua filha.

Era impossível não se colocar em seu lugar, mas era difícil não pensar em Filipe, cujo emprego Roger havia roubado, ou na possibilidade de um número ainda maior de pessoas na rua. Roger tentava não pensar demais nisso, mas conviver com Bianca o fazia pensar, inevitavelmente, em Leonardo e no filho deste.

Roger agradecia diariamente por estar em uma situação confortável, por ter um trabalho mesmo em tempos tão difíceis, mas, principalmente, de ter um tempo com sua filha. Conviver com ela não tinha preço que pagasse, e ensinar-lhe as habilidades gastronômicas que vinha aprendendo era como criar uma tradição a ser passada adiante.

Roger estava feliz, mas preocupado com seu velho parceiro. Sua boa relação com Bianca seria a promessa de que sua decisão possuiu um bom motivo e não teria causado um sacrifício vazio e sem motivação. Filipe poderia seguir cuidando de sua avó e do resto do asilo; além disso, mais duas pessoas estavam a salvo do desemprego, o que fez sua atitude necessária, pelo bem de mais pessoas.

Fim D

AMOR MATERNO

Fernando Menezes de Azevedo

"Através de incontáveis eras, o amor de uma mãe pelo seu filho supera o poder de qualquer império. Mas lembre-se: a dor que tal força é capaz de infligir pode vir a alcançar aqueles que você deseja proteger. Se há equívocos nas crenças que movem o amor materno, o sofrimento será inevitável."

A estrada até seu destino foi longa, maculada pelo sangue derramado pelas criaturas que cruzaram o caminho que a distanciava de seu filho. Mulheres são fortes, mas uma mãe com um propósito é invencível, e ela estava disposta a passar por cima de tudo que fosse necessário para, novamente, tê-lo em seus braços. Seu filho, sua criança, sua vida estava perto; ela finalmente o teria de novo. Qualquer sacrifício que fosse necessário não a pararia mais, desde que pudesse recuperá-lo.

A nevasca era esmagadora, mais forte que o calor que suas vestimentas e armaduras poderiam lhe fornecer. Seu propósito, no entanto, a mantinha quente. Ela estava aquecida pelo poder da vontade de ver seu filho, pelo amor incondicional por ele, mas também pelo ódio da pessoa que o tirou de seus braços e por todas as criaturas que atacavam as casas, as famílias, as pessoas, a sua realidade.

Pensar em sua terra natal aos pedaços deixava a Mãe enfurecida, triste, melancólica. Ela estava destruindo qualquer parede que a bloqueava para chegar ao seu filho, mas e depois? Para onde iriam? Talvez não houvesse mais para onde ir, afinal. No entanto, tudo que ela queria era voltar aos dias com sua criança, aos dias alegres, às vezes simples ou preguiçosos, mas nunca infelizes.

Seus pensamentos atravessavam as mais distantes memórias, antes de voltarem ao vácuo de mais de cinco anos desde o momento em que seu filho foi tomado de seus braços, desde então não houve nada além de batalhas, sangue e ódio em seus dias. Tais pensamentos, no entanto, foram interrompidos ao chegar a uma grande casa no meio da neve. Era aqui. Esse era o seu destino.

Como tudo em seu caminho até aqui, o peso de sua espada trouxe o fim das paredes que a bloqueavam, e o mesmo aconteceria a qualquer criatura ou pessoa que se intrometesse entre ela e seu filho. Incontáveis criaturas a atacaram no caminho até aqui, mas agora… agora ela estava onde deveria, diante da última provação colocada em seu caminho por um destino sádico e desprezível.

– Você com certeza não é uma pessoa normal, e eu fico feliz por isso. Eu precisava de você viva.

A voz vinha de uma criatura, não diferente de todas que a Mãe havia atacado para chegar até aqui. Mas algo era diferente, a aparência era de uma das criaturas, mas o rosto era o mesmo que o seu.

– Acho que já chega disso, não acha? Eu preciso salvar o mundo, e você está atrasando tudo!

A criatura, diferente das outras, era capaz de se comunicar, além de ter uma forma mais humana e um nome: Salvadora. Seu filho estava perto da criatura, parecendo estar sentindo muita dor.

– Você e seu filho foram um erro. Vocês não deveriam ter consciência. Vocês não passam de cascas sem alma. Diferentes de todas as criaturas que você matou… todos humanos, ou melhor, suas almas, mas sem as cascas que lhe fornecem a aparência que você e todos nós conhecemos.

Salvadora falou de uma grande epidemia que matou incontáveis humanos. Procurando salvar os que ainda restavam, um experimento removeu a alma de todos que se voluntariaram, dando-lhes o corpo das criaturas, e deixando suas cascas inconscientes, enquanto seus corpos se adaptavam à doença, até que se tornassem imunes, e suas almas pudessem voltar às suas casas. A Mãe e seu filho eram duas cascas vazias, sem as almas que deixaram seu corpo em prol da sobrevivência.

– Ninguém esperava que vocês, cascas vazias, iriam criar consciência! E agora andam por aí com nosso único meio de voltar à vida. As criaturas se desesperaram! Algumas começaram a atacar vocês sem necessidade, mas podemos parar isso! Nós precisamos voltar aos nossos corpos.

Tanto a Mãe quanto seu filho eram a chave final para fazerem as almas voltarem aos seus corpos. A casca da Salvadora era o corpo da Mãe, e o corpo de seu filho estava sendo tomado pela alma que anteriormente o habitava: o corpo do filho da Salvadora. Se ambos voltassem, as almas voltariam às cascas vazias respectivas, mas isso sobrescreveria a consciência criada por tais cascas.

– Por favor, você já matou incontáveis almas de humanos. Vocês, cascas vazias, não irão sobreviver por muito tempo, mesmo assassinando todas as criaturas. A única maneira de a raça humana voltar à vida, e seguir existindo e evoluindo, é desfazendo esse experimento. Você entende isso, não é?

A Mãe olhava para seu filho, claramente sentindo dor com sua alma voltando ao seu corpo e com sua consciência sendo apagada em prol do retorno de sua alma. Aceitar tal condição poderia salvar o mundo, mas significaria a morte de todas as cascas vazias, incluindo seu filho, que ela jurou proteger. Seu corpo já estava sendo tomado, mas ele sentia dor e murmurava: "Eu não quero morrer...".

– Eu também tenho um filho que eu tentei tanto proteger de você. Eu só quero estar com ele de novo... você entende isso, não é? Por favor, nós não precisamos fazer isso – dizia a Salvadora, enquanto sacava sua espada. – Me diga, o que você fará? Deixará a humanidade ter sua segunda chance? Ou realmente tentará me matar? Por favor, pense bem no que você irá fazer!

Se você acha que a Mãe deve lutar e derrotar a Salvadora, e salvar seu filho e as cascas vazias, vá para o **Final A**.

Se você acha que a Mãe e seu filho, e as cascas vazias, devem se sacrificar pela Humanidade, vá para o **Final B**.

Final A

– Tola miserável! Você condenará a humanidade inteira por seu filho?!

Sua mente já estava decidida, a Mãe faria qualquer sacrifício por seu filho. Seu corpo já não mais se movia por decisões ou lógica. Seu instinto era tudo que restava, e ele guiava cada golpe desferido contra a criatura que trazia dor ao seu filho.

Como esperado da alma que um dia habitou seu corpo, e de uma mãe assim como ela, a Salvadora não era um oponente fácil e, por muitos momentos, não parecia haver qualquer possibilidade de derrotá-la. No entanto, seu filho estava sofrendo, prestes a ter sua consciência apagada para sempre e morrer. Não havia tempo a perder!

– Im... impossível... você... você condenou toda a humanidade... sua... sua mons... tra...

Seu instinto lhe permitiu acertá-la fatalmente. Nem mesmo a Salvadora poderia sobreviver a um ataque tão certeiro em seu coração. Um poderoso fulgor liberou-se de seu corpo assim que sua vida foi tomada, impedindo completamente a ligação entre almas e cascas vazias.

A dor de seu filho havia terminado, e sua consciência retornado para seu corpo, que já não mais importava se era uma casca vazia ou um corpo incompleto; era seu filho, e nada mais importava. Juntos, Mãe e Filho deixaram a casa e seguiram pela estrada tomada por neve que eventualmente os levaria para sua terra natal, seu lar.

Sua casa não mais existia. Os amigos, parentes e vizinhos que cercavam seus arredores viviam apenas em suas memórias agora. O mundo está morto, tudo resultado de uma grande guerra entre humanos e criaturas, cascas vazias e almas, vítimas e vítimas.

Seu mundo, no entanto, estava bem ali, ao seu lado, segurando-se em seu corpo com mãos tão delicadas e pequenas. Os dois deitaram-se no gramado que ainda restava nas ruínas de sua antiga terra natal, enquanto olhavam para o céu que, diferente de todo o resto dos seus arredores, ainda permanecia o mesmo. O mundo podia ser diferente agora, mas o céu ainda os conectava com suas memórias de um belo lugar e de uma bela vida que infelizmente não duraria para sempre.

Nada dura para sempre, e o mesmo aconteceria com suas vidas em breve. Cascas vazias não viveriam por muito tempo sem suas almas, eventualmente seus corpos cederiam e iriam para o mesmo lugar em que sua vida feliz repousava. Até lá, Mãe e Filho estariam juntos. Para sempre.

Final B

– Você... irá cooperar? Eu confesso que estava esperando pelo pior.

Era doloroso ver seu filho naquela situação, e ainda mais pensar que ela não mais poderia estar com ele, mas ela sabia como era estar naquela situação, e ela com certeza não desejava isso para outra mãe. Não apenas isso, como ela poderia trazer seu filho de volta para um mundo em ruínas?

– Me matar faria todas as almas desaparecerem e as cascas vazias se enfraquecerem. Eu fico feliz que você tenha tomado a escolha certa para toda a humanidade, mas também para vocês dois.

Sem poder fazer mais nada, a Mãe aproximou-se de seu filho. Uma última vez, acalentou-o até que se acalmasse, até finalmente adormecê-lo. Era injusto, mas era assim que deveria ser.

– Eu... sinto muito por tudo isso. Eu entendo os seus motivos por tudo que você fez... eu realmente entendo. Eu não suporto a ideia de ficar mais um minuto sem meu filho. Eu entendo você.

A criança deu um último suspiro, antes de entrar em sono profundo, um sono que sua Mãe sabia muito bem o que significava. Ainda o segurando em seus braços, após tanto tempo de luta e ódio, ela finalmente conseguia sentir paz, ao custo de incontáveis lágrimas que caíam sobre o pequeno corpo de seu filho, que, em breve, acordaria como outra pessoa, o filho de outra mulher.

– Vocês dois irão viver dentro de nós. Mesmo sem suas consciências, vocês ainda irão existir, nem que seja apenas em nossas lembranças. Eu prometo. Mais uma vez... muito obrigado por cooperar.

Logo, a Mãe passou pelo mesmo processo. Era doloroso, muito doloroso, mas era um processo necessário. Seja lá para onde sua consciência fosse, após ela terminar de ser sobrescrita pela Salvadora, uma coisa era certa: ela estaria novamente com seu filho, em outro lugar.

Muitos pensamentos passaram por sua cabeça, em seus últimos momentos de existência naquele mundo. Ela conseguia ver o céu por uma das janelas da casa. O mundo havia mudado, depois de tantos conflitos entre almas e cascas vazias, mas o céu... o céu ainda era o mesmo.

Seu último pensamento, antes de desaparecer, foi a esperança de que aquele lindo céu guiasse seus pensamentos, a prova de sua existência, para uma nova vida, uma nova chance de viver ao lado daquele que ela mais amou. Algum dia, Mãe e Filho estariam juntos, novamente. Para sempre.

SOBRE OS AUTORES

Dinorá Fraga

Doutora em Linguística pela Universidade de São Paulo (USP), com graduação em Letras pela Universidade Federal do Rio Grande do Sul (UFRGS). Docente da UFRGS, onde atuou no Mestrado e no Doutorado em Educação; e Docente da Unisinos, onde atuou no Mestrado e no Doutorado em Comunicação e Linguística Aplicada. Faz parte do grupo de estudos e pesquisa no Interacionismo Sociodiscursivo (ISD). É autora do livro *Pensar e argumentar: a linguagem do adolescente*, publicado pela Editora Cortez e pela Unisinos; e organizadora e coautora dos livros: *Para uma política da alfabetização* (Editora Cortez); *Para uma política do virtual* (Editora Unisinos); *Escrita na Tela* (Editora UniRitter); *Ciências cognitivas em semiótica e comunicação* (Editora Unisinos), em coautoria com Renata Vieira; *Comunicação e Cibercultura* (Editora Unisinos), em coautoria com Suely Fragoso; e artigos em revistas científicas sobre os seguintes temas: Comunicação, Linguística e Educação. É coordenadora do grupo de atividades em Ciência e Espiritualidade, da Associação dos Docentes da Universidade Federal do Rio Grande do Sul (ADUFRGS).

Fernando Menezes de Azevedo

Tecnólogo em Design de Jogos Digitais pela UniRitter. Coautor responsável pela pesquisa "Narrativas Multi-Ramificadas: Metodologia para uma pesquisa sobre gameficação com dilemas morais", sob orientação de Dinorá Fraga. Autor responsável pela pesquisa "Gamer User Experience (UX): explorando a teoria da diegese", apresentada durante a SB Games 2017.

Geovane Dantas Lacerda

Professor da rede pública e vice-diretor (turno da noite, Educação de Jovens e Adultos). Possui graduação em História (Universidade do Vale do Rio dos Sinos (Unisinos); especialização nas áreas de Filosofia (Unisinos) e Mídias e Educação (Universidade Federal do Rio Grande do Sul – UFRGS); mestrado em Educação (UFRGS). É, atualmente, doutorando em Educação (UFRGS). Faz parte do grupo INOMINAAR (Estudos sobre aprendizagem *INventiva*, saberes *NÔmades*, devires *MInoritários*, cognição e *NAtiva* e *ARtesanias* docentes).

Noeli Reck Maggi

Doutora em Educação pela Universidade Federal do Rio Grande do Sul (UFRGS). Graduada em Pedagogia e Psicologia. Possui formação em Psicanálise no Círculo Psicanalítico do Rio Grande do Sul. Docente e pesquisadora nos cursos de Graduação e de Pós-Graduação Lato Sensu na área da Educação e no Programa de Pós-Graduação Stricto Sensu na área de Letras e Design na UniRitter, no período de março de 2007 a dezembro de 2017. Associada e membro da diretoria do Círculo Psicanalítico do Rio Grande do Sul. Coordenadora de Seminário no Instituto de Estudos de Psicanálise do Círculo Psicanalítico do Rio Grande do Sul. Editora da revista *Estudos de Psicanálise* do Círculo Brasileiro de Psicanálise. Tem experiência em pesquisa com ênfase em Psicanálise e Educação, atuando em temas como processos de simbolização, criatividade e aprendizagem.

Rafael Hofmeister de Aguiar

Possui pós-doutorado em Filologia Galega pela Universidade de Vigo (Galícia/Espanha), é doutor em Letras/Estudos de Literatura pela Universidade Federal do Rio Grande do Sul (UFRGS), mestre em Processos e Manifestações Culturais pela Universidade Feevale e licenciado em Letras pela Universidade do Vale do Rio dos Sinos (Unisinos). É professor e pesquisador do Instituto Federal de Educação, Ciência e Tecnologia do Rio Grande do Sul.

Rosa Maria Filippozzi Martini

É doutora em Ciências Sociais e Educação pela Faculdade de Educação da Universidade Federal do Rio Grande do Sul (UFRGS). Possui pós-doutorado em Filosofia pela Pontifícia Universidade Católica do Rio Grande do Sul (PUCRS). Professora Titular de Filosofia da Educação do Departamento de Estudos Básicos da Faculdade de Educação da Universidade Federal do Rio Grande do Sul (1973-2004). Professora do Departamento de Educação da Universidade de Santa Cruz do Sul (Unisc), atuando no Mestrado em Educação como professora de Filosofia da Educação e Ética e Educação (2004-2013). Professora do Mestrado em Educação do Centro Universitário de La Salle, dedicando-se ao ensino de Filosofia da Educação e Filosofia da Comunicação (2014-2016). Publicou artigos e capítulos de livros, nas suas áreas de atuação. Mais recentemente, em 2016, publicou *Paul Ricoeur, pontos da tessitura de um filosofar* pela Editora Fi.

Rosalice Pinto

Doutora em Línguística pela Universidade Nova de Lisboa, com pós-doutorado em Ciências da Comunicação pela mesma Universidade e pela Universidade de Genebra. Atualmente, é colaboradora do Instituto de Filosofia da Universidade Nova de Lisboa (Ifilnova) e do Centro de Investigação e Desenvolvimento sobre Direito e Sociedade da Faculdade de Direito da Universidade Nova de Lisboa (Cedis) e do grupo Protexto da Universidade Federal do Ceará (UFC). É membro do Projeto Metáforas baseadas em dados rigorosos pelo tratamento da diabete (PTDC/FER_FIL/28278/2017) – financiado pela FCT. É docente convidada de universidades nacionais e estrangeiras, autora de várias publicações em Linguística Textual, Análise do Discurso, Multimodalidade em Contextos Profissionais, Discursos Político e Midiático, Linguagem e Argumentação Jurídicas, Empreendedorismo, Retórica e Comunicação Empresarial.

Tanauã Dias Martins

Tecnólogo em Design de Jogos Digitais e estudante no Vancouver Film School in Writting for Games.

Suzana Guerra Albornoz

Cursou Escola Normal no Colégio Santa Teresa de Jesus, em Santana do Livramento; graduação em Ciências Sociais na Pontifícia Universidade Católica do Rio Grande do Sul (PUCRS); mestrado em Filosofia na Universidade Federal do Rio Grande do Sul (UFRGS); estudos doutorais em História na École des hautes études en sciences sociales (EHESS); doutorado em Filosofia na Universidade Federal de Minas Gerais (UFMG). Trabalhou como diretora de escola infantil em Porto Alegre; foi funcionária da DEMEC/RS; lecionou na Universidade Federal de Rio Grande (FURG) e na Universidade de Santa Cruz do Sul (Unisc). Além de ficção, como *Maria Wilker* (Prêmio Cruz e Souza 1982), entre outros, publicou: *Por uma educação libertadora* (Vozes); *Ética e utopia* (Movimento & Edunisc); *O que é trabalho* (Brasiliense); *O enigma da esperança* (Vozes), *O exemplo de Antígona* (Movimento); *As mulheres e a mudança nos costumes* (Movimento & Edunisc); *Trabalho e utopia na modernidade* (Movimento & Nova Harmonia) e *Política e vocação brasileira* (Editora Fi).

Este livro foi confeccionado especialmente para
a Editora Meridional em Times New Roman e Trebuchet MS
e impresso na Gráfica Noschang.